人海慈航

怎樣知道有觀世音菩薩

星雲大師

星雲大師「關心自在」書法

玄奘大師所譯的《心經》，觀世音菩薩稱為觀自在菩薩

（佛光山提供）

觀心自在

星雲大師「南無觀世音菩薩」書法

「南無」是皈依的意思，
皈依觀世音菩薩，
正是為了發現我們本來就有的
慈悲和智慧
（佛光山提供）

南無觀世音菩薩

星雲

星雲

自序

對人間的祝福

星雲

少年時，因為一場偶遇，答應師父志開上人出家，僅為了實現自己的一諾，因為一諾即一生。從十二歲出家至今，沐於佛陀之恩澤，倏忽間跨越了兩個世紀，竟彷若彈指而已。有時回想自己的人生：為何會出家？為何非佛不作？

當我們心靈脆弱時，仰望諸佛菩薩是如此慈悲而深具智慧，所以我誓願在人間踵繼佛菩薩的步履，做一介平凡的僧侶；但此平凡，何其幸運，又何其幸福！

作為一名平凡的僧侶，可以帶給這個世界什麼樣的改變呢？尤其地球暖化，全球氣候變遷的負面業果已全然浮現，「我們居住的地球、人間，為何愈來愈糟糕？」常常有人如此問我。

這一切來自人心的貪婪且不知足，因為人總是想把任何東西都歸為己有，而非視為「我們的」；歸根究柢，便是沒有覺察自己內心本具的慈悲心。其實，當我們覺察到自己內心的一念柔軟，諸佛菩薩的慈悲便瞬即加持湧現，啟發我們的智慧。

將一切事物、資源、環境都視為己有，乃至所有生命所共同擁有，就是佛法所說「無緣大慈」、「同體大悲」。

慈為「予樂」，悲能「拔苦」；諸佛菩薩因具大慈心，雖然和眾生沒有造作的業緣，但也願意發大慈心給予眾生快樂，這是「無緣大慈」；而諸佛菩薩的法身，與眾生之法身等同，自他無分，將別人的痛苦當作是自己的痛苦，故亦發大慈心而前往救度，拔除眾生的痛苦，這是「同體大悲」。既能無緣大慈、同體大悲，所有的生命與環境，將進一步和諧而處、吉祥共生。這也正是為何近年來我總是在倡導「心保與環保」的原因，當每個人把心照顧好、保護好了，我們的環境、國土、世間就會得到最好的保護和存續。

孩童時期我曾經失足溺水，生死邊緣恍如一夢，夢中見那白衣大士，而體驗觀世音菩薩聞聲救苦的慈悲。時迄今日，我仍然恭敬誦念、禮拜觀世音菩薩，數十年如一日。

觀世音菩薩具足的一切慈悲喜捨、圓通無礙的妙智妙力，我認為可作為人類二十一世紀，自利、利他且利人間的絕妙之方！

我曾翻譯過日人森下大圓的作品，而成《觀世音菩薩普門品講話》一書，時為一九五三年；今總綰於一帙，名為《人海慈航：怎樣知道有觀世音菩薩》。

《人海慈航：怎樣知道有觀世音菩薩》這本書，是我對人間深深的祝福；相信也是觀世音菩薩對人間的祝福。願諸有情，因為懂得慈悲、行得慈悲，而締造圓滿無窮的慧命，點燃瑩潔明亮的心燈，放光千里，普照有情。

二〇一一年六月

向觀世音菩薩祈願文

慈悲偉大的觀世音菩薩！
請您救苦救難，
慈悲地垂聽弟子的發露懺悔：
我自懂事以來，
總覺得生命不很安穩；
我在世間生活，
常感到事情不很適意；
我對親朋好友，
缺乏照顧幫忙；
我對社會大眾，
不能周遍圓融。
慈悲偉大的觀世音菩薩！
每當我仰望您的慈容時，
我的心靈才感到清涼自在；
每當我稱念您的聖號時，
我的精神才得到解脫舒暢。

（文接本頁下欄）

面對聖潔的您，我感到好慚愧啊！
和您的遍灑甘露，
普利人天比起來，
您如海洋，我似井水；
您如日月，我似螢光；
您如山岳，我似丘陵；
您如獅王，我似小鼠。
慈悲偉大的觀世音菩薩！
您累劫勤苦，還要倒駕慈航；
您難行能行，還要尋聲救苦。
我何人也？
我何不能！
慈悲偉大的觀世音菩薩！
祈求您以弘誓攝我，
祈求您以悲願度我。
讓我能擁有您的無畏圓通，

我若向惡人，惡人自感化；
我若向暴徒，嗔怒自息滅；
我若向魔外，邪心自調伏；
我若向愚痴，當得大智慧。
慈悲偉大的觀世音菩薩！
祈求您以慈雲覆我，
我要學習您利濟群生的精神，
用慈眼觀察眾生的需求，
用耳朵傾聽眾生的痛苦，
用美言安慰眾生的煩憂，
用雙手撫平眾生的創傷。
慈悲偉大的觀世音菩薩！
祈求您以智光照我，
我要用喜捨攝取眾生，
我要用同事化導頑強，
我要用利行給人方便，

（文接本頁下欄）

我要用愛語助人歡喜。
慈悲偉大的觀世音菩薩！
我要以您的解脫自在為榜樣，
從今以後，
我要遠離顛倒妄想，
觀人自在；
我要遠離分別臆測，
觀境自在；
我要遠離執著纏縛，
觀事自在；
我要遠離五欲塵勞，
觀心自在。
慈悲偉大的觀世音菩薩！
請求您接受我至誠的祈願，
慈悲偉大的觀世音菩薩！
請求您接受我至誠的祈願。

○附錄

——姚秦三藏法師　鳩摩羅什譯

世界上最美麗的人是觀世音，最慈悲的人也是觀世音。我從小禮拜觀世音菩薩，對觀世音菩薩的慈悲感受甚深，而世界也無處不有觀世音菩薩。在日常生活中，修持或實踐觀音法門，最重要的是，要讓自己的性格像觀世音菩薩一樣慈悲。

人間最寶貴的不是金錢、物質、名位、權勢，而是每一刻都安心、歡喜；即使擁有世間的一切，但如果心不安、不歡喜，那也沒有意義。人能安貧樂道，那是因為知足心安，無欲歡喜。

佛教經典，不僅僅是用以誦經求功德，更可以深入了解經文大義，應用於做人處事的管理上，必然受用無窮無盡。一卷〈普門品〉，就是觀世音菩薩最好的「管理學」。觀世音菩薩能施與眾生無畏，我們也要提升自我的能量，做一個具有「慈悲心、智慧力、勇猛力」的眾生保護者。

而我們信奉觀世音菩薩，學習觀世音菩薩的管理，最終極的目標是：「念觀音，拜觀音，更要自己做觀音。」

上卷

慈眼視眾生，觀音妙智力

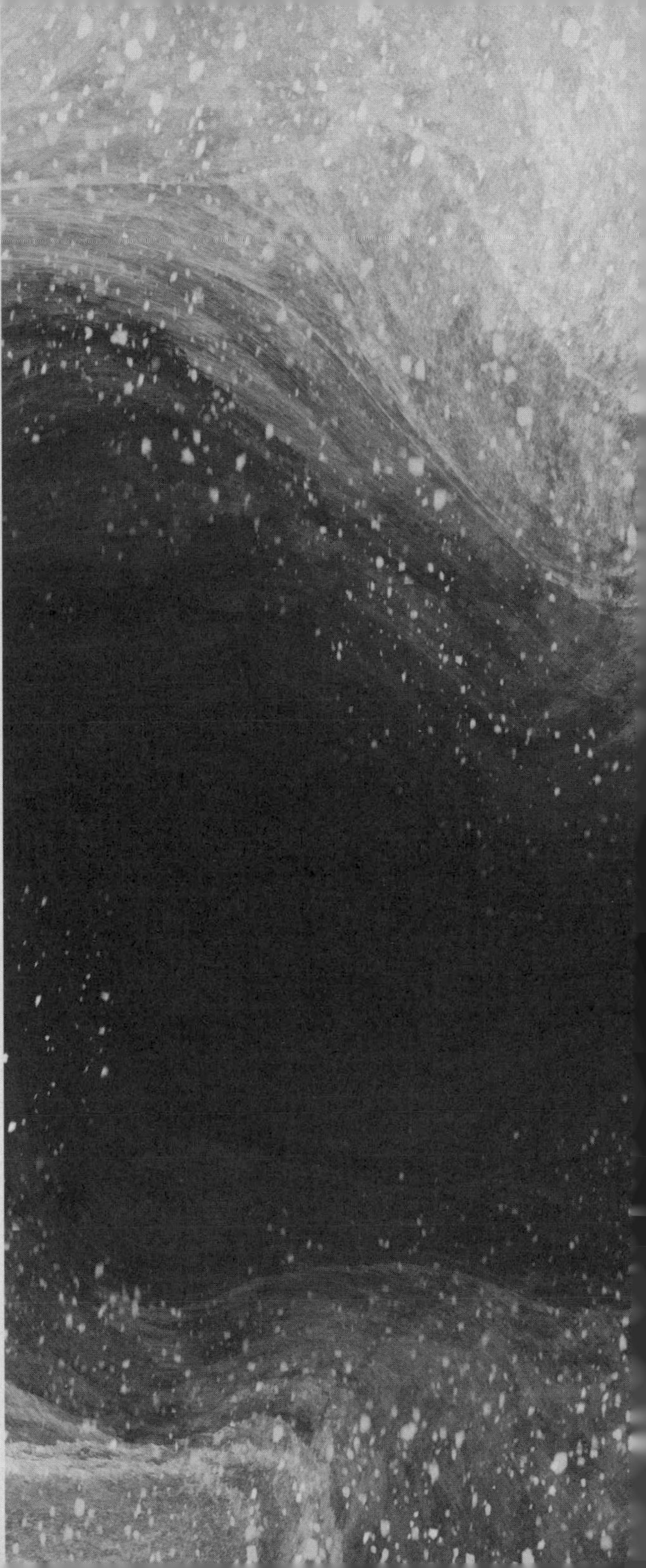

第一章 觀音心

觀音是誰？這位風靡全亞洲，尤其是中國、日本、韓國、越南的大菩薩，幾乎是家喻戶曉。觀世音菩薩為大家所耳熟能詳，就像鄰家和藹可親的母親一般。但觀音的心究竟為何？其中又包容了什麼呢？

在我很小很小的時候，有一個晚上，母親為我講了一個故事，主角是一位孤苦無依的老公公……我聽了之後，竟然難過得躲在桌子下面哭了起來，並央求家人一定要去救濟他，當時任憑大人們怎麼勸解哄騙，都沒辦法阻止我百般求纏。直到深夜，家人終於拗不過我，只得買了一份禮物，陪著我去送給外公，假裝是送給故事裡那個可憐的老人家，我才肯休止。

於今回想起來，覺得奇妙，一個孩子怎會天真地想盡各種方法，要去彌補那些不完美的人事，甚至為此而落淚傷心。

十二歲出家後，在一次次禮拜觀世音菩薩的宗教生活裡，我獲得了種種的體驗，也恍然明白，幼年時莫名而流的那一滴滴悲憫的淚水，原來正是觀世音菩薩的眼淚，當每個人生起一念慈悲之時，其實，觀世音菩薩也默默在我們心中生起。

慈悲喜捨觀音心

一直以來，人們的心常被世俗名利給封閉。從清晨醒來，眼睛一睜開，心即被各種追逐的欲望給占據，即連夜晚入睡後的夢境，仍然被貪瞋痴給擄住不放，依賴著物化的一切，卻無法真正信任自己的人生。

這就是凡夫的心，但觀音的心卻不如此。

觀音是誰？這位風靡全亞洲，尤其是中國、日本、韓國、越南的大菩薩，幾乎是家喻戶曉。對中國人而言，觀世音菩薩為大家所耳熟能詳，就像鄰家和藹可親的母親一般。當形容某個人心地善良時，我們也都習慣稱之為「菩薩心腸」，而這位「菩薩」，眾人也毫無疑問地指向觀世音菩薩。但觀音的心究竟為何？其中又包容了什麼呢？

有一個故事，我覺得最能描繪什麼是「觀音心」。除了「慈悲」，還有無我的「喜捨」，慈悲喜捨，圓滿具足。

在城郊外，有一座新建好的私人花園，裡頭矗立著一幢幢富麗堂皇的亭台樓閣，終日鳥語花香，十分引人入勝。花園的主人是一位虔誠的佛教徒，他以寶石、珍珠、琉璃、硨磲等七寶，塑造一尊無與倫比的觀世音菩薩聖像供奉著，看起來極為莊嚴殊勝。不久，花園主人因事必須到鄰國出一趟遠門，大約要半年時間才能回來。

這天，天色已晚，有一隻賽鴿飛得疲倦了，被這座美麗的私人花園給吸引，便飛入花園中停在菩薩的腳下，準備好好休息一晚，隔天再飛回去奪冠。

睡到半夜時，忽然有一個東西掉下來，與牠擦身而過，感覺硬硬涼涼的。

鴿子心想：「難道下雨了嗎？」

仔細一看，不是雨水，而是一顆燦爛的寶石，在牠的面前閃閃發光。

牠抬起頭，望向巨大的菩薩像，在菩薩慈目的垂視下，腦海忽然出現一個念頭：「這一定是觀世音菩薩慈悲，要我代他送給貧苦的人家。」

鴿子銜起寶石，飛入城中，在空中盤旋良久。然後牠看見一戶低矮的房子內，有位瘦弱的母親正苦惱於擠不出奶水，餵食懷中的嬰兒，一旁還站了一個衣衫襤褸的孩子，也因餓壞了而啜泣不已。

鴿子毫不猶豫地將寶石投入這戶清寒人家，孩子驚訝地撿起寶石，和母親一起露出不可思議的欣喜表情。

鴿子看著露出笑容的母子們，心底也生起一種滿足，牠覺得應該跟菩薩有所交代了，於是飛回菩薩的腳下，準備安穩地睡上一覺，明天牠還有賽事要完成。

孰知，才剛闔眼，馬上又掉下一顆珍珠，想到這是觀世音菩薩救度眾生的願心，鴿子沒有猶豫，振動翅膀，銜起珍珠，再度飛出花園，完成另一項救人的任務。

「我還是應該回到菩薩那裡，表示對完成這樁任務的負責。」於是，鴿子又回到菩薩的座下。

第二天清早，賽鴿鼓起飽滿的翅膀，正待上路，牠飛停在菩薩的肩頭，開口向菩薩告別，一看，原本莊嚴美麗的菩薩金身，因少了寶石和珍珠的襯飾而顯得殘缺不完美了。牠不忍心地說：「菩薩，我要走了！您要多保重。」

沒想到鴿子才剛揮舞羽翼，觀世音菩薩的身上又落下一顆珍珠。

鴿子停了下來，又看著觀世音菩薩和藹可親的面容：「一定是菩薩的信任，知道我可以達成任務，所以把送珍珠給窮人的事託付給我。啊，和菩薩度眾的慈心悲願比起來，我那點功名獎項，又算得了什麼呢？我不回去了！」

就這樣，菩薩掉下一顆珍珠、寶石，鴿子就銜起一顆珍珠、寶石，從黑夜到白晝，從夏天到冬天，歷經一趟趟的飛行，將珍珠和寶石送給需要幫助的人們手裡，到最後，連觀世音菩薩用翠玉做成的眼珠，也都掉了下來，成了一尊瞎眼空洞的塑像。

冬去春來，遠行歸來的主人，來到花園盡頭的觀世音菩薩像前，嚇了一大跳：「哎呀！我的觀世音菩薩怎麼變得這副難看的模樣，我得好好整理一番。」

他一彎身，卻在菩薩的腳跟底下，看見一隻枯瘦僵硬的鴿子，早已經被凍死了。他毫不猶豫地拿起來，往旁邊的草叢一丟！

觀音是菩薩，鴿子也是菩薩，菩薩總是如此無怨無悔、義無反顧，沒有人知道他在暗地裡做了多少感動人心的事！

這就是菩薩精神，也正是不求回報、慈悲喜捨的觀音心。

觀世音菩薩的願心和願力，廣大無邊，即連一隻鴿子也會被他感化，更遑論受其感化的芸芸眾生，又何止千千萬萬呢！這位與我們娑婆世界最為有緣的大士，總是聞聲救難、尋聲救苦、有求必應。

我曾以自己的法名，寫了一首小詩——

夜晚，我愛天空點點明星；
白天，我愛天空飄飄白雲。
無論什麼夜晚，天空總會出現了星；
無論什麼白天，天空總會飄浮著雲。
星不怕黑暗，雲不怕天陰。
點點的星，能擴大了人生；
片片的雲，能象徵著自由。
花兒雖好，但不能常開，
月兒雖美，但不能常圓；
唯有星呀！則嬌姿常豔，萬古常新。
藍天雖青，但不能長現，
太陽雖暖，但不能自由；
唯有雲呀！則萬山不能阻隔，任意飄遊。

夜晚，有美麗的星星；
白天，有飄動的白雲。

這首小詩，是我對自己的期許，也是我對於「弘法利生」的堅持，期望這星和雲的指引，如同觀世音菩薩之光照射十方、接引十方的願力一般。

救人，如此美好

在我九歲時，曾對「人生的意義」浮現一團謎雲：「人間一百年，彈指過盡，能做什麼？能留下什麼？一副軀殼，半身骸骨，究竟有多少意義？有多少價值？」

數十年來，佛光山鐘鼓齊鳴，梵音不斷，順應眾人之心的因緣，陸續在歐洲、美洲、澳洲、非洲、亞洲各地創立寺院，國際佛光會也先後在世界各地成立千餘個以上的協、分會，要我去視導、和當地信徒親近。這週在台北演講，下週趕到紐約開示，接著前往澳洲主持信徒的皈依典禮；雲水隨緣，來去匆匆，一半時間竟都在雲霄之間的飛機旅途上度過，真是時空悠悠，恍然如夢了。

很多人都問我：「師父！您這樣日夜奔忙，晨昏顛倒，怎麼受得了？」

我微笑回答：「這是修行，不是奔忙。」

因為奔忙的是肉身，但修行的，卻是法身。

九歲時的一場奇特之夢，使我初次認識曠劫無明的真相，也萌發我終身奉行觀世音菩薩精神，實現「四弘誓願」的初心。

記得那天下午放學後，我匆匆忙忙沿著河跑回家，天空那麼的蔚藍，草地那麼的翠綠。我跑在黃土地上的雙腳，突然一滑，「噗通」一聲，整個人掉進到冰冷的河裡，水草和泥沙迅速地淹沒了我。我拚命掙扎、喘氣，眼前卻是一片渾濁和一團迷茫，漸漸地，我失去知覺……

朦朧中，我忽而似生，看見母親倚著家門呼喚我的名字；忽而似死，看見了陰寒幽暗的墓穴……在昏沉闃闇間，恍惚夢見一位白衣人飄然出現，輕輕托住了我，將我送回岸邊……

當路過的村民發現溺水的我，把氣息奄奄的我抱回家後，這穿梭生死的遭遇猶如一夢，使我的生命變成了一個奇蹟，也變成一團疑雲。

九歲的我，靜默思惟：「原來生命是這麼的脆弱，要怎樣才活得更堅強？」

我也不斷自問：「人命在呼吸之間，如何才不枉負這一生呢？」

百年世事空花裡，究竟什麼才是人間的至寶？

事後，我把河裡的夢境告訴母親，母親慈藹地告訴我：「那救你的白衣大士，乃是大慈大悲觀世音菩薩，觀音是十方苦難的救星，蒼生的疾苦都是由他化解。」

於是我明白了，救人，原來是這麼親切美好的事。

我向母親發願：「這一生，我要救人救己。」

夢裡的白衣因緣，就這麼成為我一生荷擔如來家業的因緣；生死一線間的劫難，使我得以解惑了生命的疑雲。誰會知道，今天我從不說累、飛越世界各國弘法的雲水身影，只是一心效法童年夢裡的莊嚴白衣。

常常有人問我：「星雲大師，您對生死的看法如何？」

我總會想起童年溺在河中之際，夢見的那一抹白衣：「生死一念，唯願天下眾生皆得福祿壽喜。」

禮拜觀音求智慧

我小時候不是一個聰明的孩子，領悟力也不高，別人花兩、三天就能把《古文觀止》的一篇文章背得滾瓜爛熟，我花了兩、三個星期，卻還是無法流暢地背出整篇文章。

記得十五歲求受具足戒，燃燒戒疤時，戒師吹氣吹得太猛，以致頭頂上的十二個香珠全燒在一起，將我整個頭蓋骨都燒凹了下去。疼痛倒不打緊，但整個腦神經都被燒死，使我記憶力大為退步，變得健忘而笨拙。

雖無半點怨尤，可每次背書時，總是記得上一句，就忘了下一句，老師痛責之餘，非打即罵，罰跪更是每日功課。到最後，老師無法可想，只好教我禮拜觀世音菩薩：求聰明，拜智慧。

我心中燃起希望，「從善如流」，每天半夜三更，別人睡覺之時，我悄悄地來到大殿，跪在觀世音菩薩座前，殷切虔誠地祈求菩薩讓我能得智慧。奇妙的是兩個月不到，我慢慢能記住書本裡所教的內容，領悟力也比以前更好。

就這樣靠著每夜禮拜祈求，在觀世音菩薩的加被下，我不但恢復了記憶力，甚至還比以前更加聰慧。十六歲以後，整個人好像忽然開了竅似的，所有書本一經過目，裡面的道理、知識，就像排山倒海似的湧入心裡，從此成績突飛猛進，每次考試都是名列前茅。有一次，歷史得了九十七分，我原本以為可以拿一百滿分，卻因疏忽被扣了三分，令我氣得連飯也吃不下。

誰會相信一個連《古文觀止》文章都背不好的愚鈍小孩，竟然一下子智慧大開，能考取九十七的高分，當時我的老師都心存懷疑。這場意外的災禍，沒想到竟成了得福的因緣，我對觀世音菩薩的信心與道念，也因而更加堅強，不曾一時一刻有所懷疑。

觀世音菩薩在中國

觀世音菩薩的梵文為「阿黎耶阿縛盧枳低濕伐羅」(Āryāvalokiteśvara)或「阿縛盧枳低濕伐羅」，意思是以慈悲救濟眾生為本願之菩薩；在中文佛典中，鳩摩羅什舊譯為「觀世音」，玄奘新譯為「觀自在」，在中國，一般通用鳩摩羅什的舊譯「觀世音」，簡稱「觀音」。

為什麼我們稱之為「觀」世音，而不是「聽」世音？因為觀世音菩薩證得「六根」(眼、耳、鼻、舌、身、意)、六塵(色、聲、香、味、觸、法)的「根塵同源」，而能了無身心界限的「六根互用」，並於諸法界觀而自在，無限自在。不論名為「觀世音」或「觀自在」，都是我們所熟知的「觀音」菩薩。

鳩摩羅什所譯的《妙法蓮華經》，其中說明「觀世音菩薩普門利益」的第二十五品〈觀世音菩薩普門品〉風行於世，也成就今日「家家彌陀佛，戶戶觀世音」的盛況。

南北朝時期五胡十六國末年的北涼，國王沮渠蒙遜生了一場重病，群醫皆束手無策。當時翻譯《涅槃經》的中印度佛教譯經大師曇無讖，便提出建議：「你們國王得的是業障病，非醫藥能治癒，你們理應至誠讀誦〈普門品〉，為他回向，他的身體才會恢復健康。」

曇無讖此說是根據〈普門品〉中一段最經典的文句：「若有無量百千萬億眾生受諸苦惱，聞是觀世音菩薩，一心稱名，觀世音菩薩即時觀其音聲，皆得解脫。」消息傳至沮渠蒙遜耳裡，他便遵照曇無讖的指示，除了自己開始禮誦外，全國人民也跟著持念〈普門品〉，很奇妙的，眾人愈念愈歡喜，許多人都主動地加入讀誦的行列。

後來，沮渠蒙遜的病果然不藥而癒，觀世音菩薩於是聲名大噪，〈普門品〉從此廣為流通，相關靈驗事蹟更是不勝枚舉。

其中最有名的，莫過於唐朝玄奘大師橫越沙漠，多次默念觀世音菩薩聖號，度過一次次險境危厄，順利前往天竺取經的真實故事。

時值唐太宗貞觀元年秋天，二十六歲的玄奘立志西遊，到印度取經求法。當時邊境不安，禁止人民出國，玄奘不改其志，仍然整裝出發，輾轉從長安一路穿越河西走廊，躲避官兵追捕，來到瓜州。為能順利出關，收了一名胡人弟子石槃陀，並請他擔任嚮導，石槃陀也答應要送大師出玉門關。

一晚，走了大半夜的黑路，兩人覓得草地休憩，入夜後，玄奘看見石槃陀提刀向他走了過來，未到十步許又退回去，似乎想殺他，玄奘雖心存懷疑，仍不假思索地立即起身誦經，念觀世音菩薩聖號，直到天明。

次日一早，石槃陀主動向玄奘表明：「師父，未來前途險惡難測，沙河阻隔、鬼魔風暴，一經遇著，只有死路一條；此外，又缺乏水草潤澤，如果執意前行，最後還是死路一條，不如及早回頭吧！」

玄奘毫不猶豫地說：「我為求大法而發心西遊取經，寧向西天一步死，不回東土一步生！」

然而石槃陀終究不願繼續隨行，玄奘同意讓他回去，並答應不會告訴他人石槃陀助他西行之事，以免牽累，然後自己一人騎著一老胡人所贈識途的赤色瘦馬，單人獨騎地橫跨黃沙大漠，前往迢遙數萬里外的天竺。玄奘西出玉門關後，連闖五座烽火台，一路蒙佛護佑，逢凶化吉，順利過關。

當行至莫賀延沙磧——全長八百里的廣大沙漠地，既無樹木水草，也無飛鳥走獸，四顧茫茫。玄奘只好循著一堆堆白骨及馬糞，逐步前行，並以日月星辰辨識方向。

一次，不慎將水囊傾覆，接連四天五夜竟無滴水沾唇，口腹乾燋，幾乎就要渴死，已無力再繼續前進，人和馬俱臥倒在黃沙之中。

此時，玄奘仍至誠默念觀世音菩薩聖號不捨，憑著這分強大的信念支持心志，又啟告菩薩說：「玄奘此行既不求財利，又不為博取名譽，但為無上正法而來，仰祈菩薩慈念眾生，以救苦為務。」

如是默念不已，到了第五夜半，忽覺涼風觸身，通體舒暢，有如沐於寒露一般，於是精神為之一振，眼睛從朦朧中乍得一絲明亮，老馬也起身而鳴。身體既得蘇息，便稍睡一會。睡夢中，見一位巨大的護法大神，身長數丈，執戟斥喝：「既已立志求法，為何不精進趕路而一直臥倒在沙中呢？」

玄奘聞聲驚醒，再度打起精神西行，前行約二十多里後，老馬忽然放蹄狂奔，飛馳到一處不知從何而至的沙漠綠洲，玄奘欣喜地在此休息一天，打點好人馬的水糧，再走兩天，終於度過了艱險的沙漠，踏入伊吾的國境。

圓滿一切眾生所願

觀世音菩薩就這麼成為中國信徒們最親切、最貼心，也最能及時救苦救難的高潔菩薩。在〈觀世音菩薩普門品〉中，觀世音菩薩的形象是這樣的——神通廣大、慈悲心切、有求必應。只要一心稱其名號，不論遭遇任何外在的險難危厄，或是內心的煩惱熾苦，觀世音菩薩都會救度，令其解脫自在。

對許多人來說，觀世音菩薩並非高踞殿堂之上，遙不可及，而是每一個人心中最值得信任的守護者。觀世音菩薩讓眾生心不恐懼、出離無明，成為諸菩薩中救苦救難的代表。

圓滿一切眾生所願，是觀世音菩薩最不同凡響的慈悲願力。

「圓」，是從一個點出發，繞了一圈，又回到那個點，既是返璞歸真，也是返本還原，回到一切的本源，了悟虛空究竟之真理。

「滿」，是充盈、充實，也是遍及、完全，心中不再有不足的匱乏之感，也不再盲目地從外界尋找事物，填補空虛的感覺和欲念。

「圓滿」便是將「空虛」轉化、提升了，進而了然於「虛空」的內涵，見得本性光明，一切如此美好，完滿而無所欠缺。

眾生一切所願，既被觀世音菩薩給圓滿了；同時，眾生與煩惱相應的「凡夫心」，也被觀世音菩薩給點化了，成為與他一樣慈悲喜捨、圓滿的「觀音心」。

圓滿的觀音心，具有十大特色：

一、施予無畏

二、應機教化

三、有求必應

四、千手千眼
五、精進不退
六、無礙自在
七、無緣大慈
八、遍及十方
九、慈眼視眾生
十、靈感不可思議

所以，〈普門品〉中說：「觀音妙智力，能救世間苦。」觀世音菩薩何以能致此？如同《佛說大乘莊嚴寶王經》云：「是時觀自在菩薩摩訶薩，起大悲心。」心，是觀世音菩薩無限成就的最大祕密。

你，看見、聽見自己的「觀音心」了嗎？

應機教化

「應以何身得度者，即現何身而為說法。」

〈觀世音菩薩普門品〉中這一段經文，說明了菩薩應機教化，悲願所及，已超越對待，無有差別。《佛祖統紀》中，有一則〈蛤蜊觀音〉觀音化現度眾的記載，顯現佛心慈悲的流露。

唐文宗開成元年，一日，文宗皇帝食用蛤蜊，卻始終打不開硬殼。文宗心有疑竇，於是設香案，焚香祈禱。俄頃間，蛤蜊的殼竟然自動打開，裡頭端坐一尊觀世音菩薩。文宗不明所以，召見終南山的惟政禪師問明原因。

文宗一見惟政禪師，急忙趨前：「不知蛤蜊內出現菩薩聖像，可有祥瑞之兆？」

惟政禪師笑了：「物無虛應，凡事必有它的道理。這是菩薩欲啟陛下信心，告訴陛下應仁物愛民，不要常常為了一飽口腹之欲而大肆殺生，勞民傷財。」

又說：「經云：『應以何身得度者，即現何身而為說法。』現在菩薩現身，正是為皇上說法。」

文宗仍迷疑不解：「菩薩雖然現身，可是未曾為我說法啊？」

惟政禪師反問：「蛤蜊中會現觀音聖像，不知皇上可相信否？」

「這種稀奇靈異的事情，如何能不信？」

「那麼，菩薩已經為您說法了。」

唐文宗從此戒吃蛤蜊，下旨漁民停止進貢，詔令天下寺院廣立觀音聖像，並且敕命惟政禪師住持聖壽寺。

明朝愿雲禪師有偈：「千百年來碗裡羹，怨聲如海恨難平；欲知世上刀兵劫，但聽屠門夜半聲。」觀世音菩薩化現為蛤蜊，即是提醒世人心存慈悲，視眾生的生命與自己一般尊貴，在重視生權的同時，這個世界必能和諧安樂，不致災難頻仍。

慈悲了，每個人自己就是觀世音。

靈感不可思議

美國科羅拉多州的陳張秋雲女士是正信的三寶弟子，也是佛光山的虔誠信眾，平時以誦念六字大明咒「唵嘛呢叭彌吽」為定課。

一九九六年八月某天，大約晚上十一點，他開車載長女回家，途中為閃避路上一隻剛被撞死的野鹿，一時車身失去控制，往山壁撞翻而去，一時車身全毀，連車門也無法打開。

所幸女兒並沒有受重傷，只是腳被玻璃割破；但陳女士的脖子卻被安全帶緊緊勒住，呼吸漸感困難，幾將窒息；全身被壓扁的車身夾住，動彈不得，頭部又血流不止。女兒見狀趕快搶救，卻始終無法鬆開安全帶。

正危急時，一名警察匆匆跑來探看究竟。陳女士一看到警察出現，勉強地用微弱的聲音，請求警察將安全帶剪斷。詎料，警察竟一口回絕，只叫他耐心等待救護車過來，隨即忙於聯絡救護車。

就在命在旦夕之時，陳女士萌生善念，頓然心想：「既然人力無能，唯有仰仗佛力加被了！」於是，他摒除雜念，一心持念六字大明咒。不可思議的是，才念了三遍真言，忽然看見觀世音菩薩手執楊枝一灑，一道佛光直射車內一個按鈕，安全帶霎時自動鬆開。

陳女士心知觀世音菩薩顯靈，再次祈求菩薩救他出來，忽然耳邊聽到一個男生在說話，指示他逃出來的方法。當時他似乎進入另一個世界，往一條小路走出來，等清醒後一看，發現自己已躺在草地上。事後，警察見他自己爬出來，且是腳朝外伸出，亦感到萬分驚奇，直呼不可思議。

與此同時，躺在草地上的長女，忽聞到一股濃濃的燒焦味道，便爬回車內想關掉還在發動的引擎，但山邊無路燈，內外一片漆黑，根本找不到車鎖孔的位置。正感無助時，忽見一道光芒直射車鎖，指引他將引擎關掉。

陳女士母女倆得觀世音菩薩如此殊勝奇特的感應，度過生死難關，歷劫而歸，往後更加虔誠信奉這位大慈大悲的菩薩。

有求必應

在觀世音菩薩的眼中，眾生一律平等，沒有中國人、外國人之分，亦無佛教徒或非佛教徒的分野，就算平時沒有持念聖號的習慣，在遇大小危難時，只要一心稱其名號，觀世音菩薩仍然有求必應，前來化解。

曼德琳．惠勒女士（Ms. Madelon Wheeler）原本是一名基督教的牧師，多年前，他看過一本有關佛教的書籍後，心裡產生很大的震撼。當時他雖被派往主持一間教堂，卻在家裡偷偷地研究起佛典，並開始學習打坐。後來，乾脆在西來大學選修佛學課程，不時也到西來寺禮佛參禪。

他的丈夫高登博士（Dr. Gordon Gibb）也是一位牧師，一開始他對太太親近佛教的行徑並不認同，但在讀完幾本佛教書籍後，也深深被佛法的圓融和諧、平等、廣大所吸引。此後，夫妻兩人開始研討佛教教義，並以辯論的方式，探究基督教與佛教之間的異同，經常一談就是數小時，甚至長達一天之久。漸漸地，他們發覺心內的菩提種子已經茁壯成長，生活中已不可一日缺少佛法。

有一回，曼德琳在朋友的聚會中，遇到一場尷尬的爭執，現場瀰漫著劍拔弩張的氣氛，就在大家不知道如何是好之時，他一邊心中默念觀世音菩薩聖號，一邊為雙方排解紛爭，沒想到居然化干戈為玉帛，在場者無不欽佩他的定力與智慧。

此事看似微小，卻已讓高登夫婦瞥見到觀世音菩薩有求必應的神奇妙力，往後又經歷多次的體驗，高登夫婦深信只要能將佛法運用在生活上，再大的困難都可以迎刃而解。

不久，這對牧師夫婦心向佛教的事，終於被基督教會知道了，連番的打壓接踵而至，儘管如此，因為有觀世音菩薩和佛法作為慈航指引，他們不僅沒有絲毫畏懼，反而對佛法的信心與日俱增。

這分虔誠的信心，也感染到年僅九歲的女兒艾比（Abbey），有一天他喃喃地說道：「我覺得我們只有皈投在佛陀的座下，才會快樂。」

這句話，立刻觸擊到高登博士的心靈深處，於是他下定決心，在一九九五年元月十五日，偕同妻女們一起參加西來寺的皈依典禮。此舉引起當地新聞界的震驚與關注，當記者前來採訪時，高登博士肯定地表示：「佛法十分圓融，研究佛教不但未與基督教產生衝突，且使我們更能深入地了解到基督教的義涵。」

但這項聲明並未引起基督教的認同，教會不但撤銷他們的職位，並收回他們的房子，一時之間，他們的經濟成了問題。當西來寺知道後，立即伸出援手，安頓他們的生活。

一九九五年七月中旬，在國際佛光會世界總會的安排下，他們一家三口來到佛光山接受「檀講師」訓練。當高登博士踏上佛光山的土地時，一種子女回歸母親懷抱的感覺油然而生，他不禁流下感動的眼淚。而高登博士的這分遇見母親的心情，也正是許多人對於觀世音菩薩「有求必應」的感受。

慈眼視眾生

你和人相處，是用什麼樣的眼光看人呢？

有人用懷疑的眼光，有人用妒恨的眼光，有人用藐視的眼光，有人用成見的眼光。

〈觀世音菩薩普門品〉說：「觀世音菩薩遊諸十方國土，以慈眼視眾生。」

眾生當中，有卵生、胎生、濕生、化生等「四生」。在各類的眾生當中，就拿胎生的人類來說：有的人小氣，慳吝不捨；有的人閉塞，庸俗不堪；有的人狡猾，玩世不恭；有的人虛假，表裡不一。

儘管千百萬種不同的眾生，觀世音菩薩都以慈眼來看待，我們若能效法觀世音菩薩「慈眼視眾生」，就能促進彼此之間的和諧，增進彼此之間的互動。就像父母用慈眼在看著兒女的成長，師長用慈眼在看著學生的進步，長者親人用慈眼在看著子孫的光耀門楣，國家社會用慈眼在看著全民的健全有為一般。

好的社區鄰里之間，若能用慈眼互相幫忙；好的機關團體裡面，若能用慈眼彼此互相提攜友愛，則世間的和平，種族的和諧，可期之焉。

非常遺憾的是，世間人有時不用慈眼看人，而是用覬覦的眼光看別人的財產，用無情的眼光對人幸災樂禍，用嫉妒的眼光輕鄙別人的美好。社會上更養成「看壞不看好」、「看假不看真」的對立眼光，一雙美麗的眼睛，變成是刀、是劍，多麼的可惜。

所以，觀世音菩薩的慈眼更顯彌足珍貴。這也是他慈悲的形象，能在每個人的家庭客廳裡，被高高尊奉的原因。

慈眼，是多麼的令人嚮往啊！

人的一雙眼睛是肉眼，假如給人一點關注，給人一點尊重；並且，給人信心，給人歡喜，給人希望，給人方便，那就是「慈眼視眾生」了。

施無畏

一九四九年，我率領「僧侶救護隊」來到台灣，性如法師也是其中一員。那時他已經罹患了第三期肺結核，躺在床上，氣若游絲。當時肺結核有世紀黑死病之稱，大家都很害怕，不敢和他親近。在動盪不安的年代裡，物質十分缺乏，我自己連三餐都成問題，哪裡還有能力送他就醫。所幸我從印光大師的著作後面，看到一個偏方，於是照著書上的方法，每天耐心地將枇杷葉上的毛刮乾淨，然後熬成湯汁，一口一口地餵他吃。

就在他的病情有些微起色之時，我就用韭菜拌飯給他吃，韭菜具有活血化瘀、理氣降逆之效，因此也有了一些閒言閒語，有些人說韭菜是五辛之一，不適合出家人，我反駁道：「人都快要死了，吃韭菜治病有什麼了不起。」

就這樣無微不至地照顧了他半年，性如法師居然奇蹟似的痊癒了，後來繼甘珠爾瓦活佛之後，在北投擔任普濟寺住持。

〈觀世音菩薩普門品〉敘述：「一心供養觀世音菩薩，是觀世音菩薩摩訶薩，於怖畏急難之中，能施無畏，是故此娑婆世界，皆號之為施無畏者。」

要學習觀世音菩薩的「施無畏」，必須擁有如獅子一般無懼的勇氣，否則一個閒言閒語便怯懦不前了！或者擔心東、擔心西，又怎能臨危不亂呢？

只有自己無畏的行所當行、為所應為，別人也才能因此而得無畏、不恐懼。

我們助人雖須量力而為，無法像菩薩展現廣大的神通力，但也要相信事在人為，一切盡心盡力，勇於付出，自然能感得諸佛菩薩的加被扶持。

千手千眼

觀世音菩薩為何要長出千手千眼，無非是要救度更多的苦難眾生。在《大悲心陀羅尼經》中記載：當時觀世音菩薩始住初地，從千光王靜住如來受〈大悲咒〉，一聞此咒，法喜充滿，立超第八地，乃發廣大誓願：「若我當來，堪能利益安樂一切眾生者，令我即時身生出千手千眼具足。」一發完誓，身上應時具足千手千眼。

這即是〈千手千眼無礙大悲心陀羅尼〉（簡稱〈大悲咒〉）名稱的由來，也是觀世音「千手千眼」的典故。「千手千眼」背後最大的意義，在於觀世音菩薩深廣的「弘願」——利益安樂一切眾生。我們雖無「千手千眼」，但若能心存利益安樂一切眾生的「弘願」，那等同於一千隻手和一千隻眼的神通妙力，也會奇蹟似的展現眼前。

觀世音菩薩的「弘誓深如海，歷劫不思議」，為利益安樂一切眾生，也因為「虛空有盡，我願無窮」，千手千眼的觀世音菩薩形象，提醒我們如《金剛經》中所說「所有一切眾生，我皆令入無餘涅槃而滅度之」的廣大發心！

「眾生被困厄，無量苦逼身」，而我們也應該挺身做觀世音菩薩的助手、分身，發心服務大眾。

精進不退

有一則觀世音菩薩美好的說法。

觀世音菩薩因悲憫眾生，不忍見眾生流連生死苦海之中，一邊落淚，一邊立下廣大誓願，欲除眾生無明迷妄，救度世人，「我一定要度盡所有的眾生，若未度盡一切眾生而心生退轉，我的腦袋即裂成千片。」

立下此誓後，觀世音菩薩便投入漫長的救度眾生工作，然而眾生愚痴無明，造業之速，簡直救不勝救，歷經無數劫後，觀世音菩薩心生一絲絕望：「眾生是不可能度盡的！」

此念一生，他的腦袋立刻碎裂成千片，散布在虛空中。這時，阿彌陀佛從千片的腦袋中現出，以其法力加持，將千片的腦袋變成一朵千瓣的蓮花，然後端坐其上，對觀世音菩薩說：「你太辛苦了！為了體恤你大悲度眾，令你道心不退，我特別教你一個簡單的咒語，方便度眾。」

此咒即為六字大明咒：唵嘛呢叭彌吽。其意為：「如意寶啊！蓮花喲！」也就是「祈求心中的蓮花開放」。從此觀世音菩薩更加精進不懈，將他一千瓣蓮花處處開放。而此精進不懈的精神，不放棄任何一位眾生，施以平等之愛，正是觀世音菩薩最令人感動的地方。

當你覺知感受了眾生的苦，當你覺察了自己觀音般的慈悲心時，你便知道了觀世音菩薩的存在——原來慈悲在心中，如同氧氣在空中無所不在。

無礙自在

基隆海會寺的道源長老，曾經告訴我一則他為觀世音菩薩所救的親身經歷。

當年日本軍閥侵略中國時，有一天，日軍到寺院掠奪搶劫，一看見道源長老便大聲一喊：「站住！」

道源長老心想：「不能站住啊！他會要我的命呀！」

於是，他不顧一切拔腿就跑，日本兵則在身後緊追不捨。
長老一邊奔跑著，口中一邊稱念著：「觀世音菩薩！」
也不知跑了多長的路，只一心一意投入「觀世音菩薩」的聖號中，沒想到竟就躲過了日本兵的視線，逃進一位信徒的家裡。
信徒見到師父來了，忙說：「師父！您來了！」
驚魂未定的老法師卻回答說：「觀世音菩薩！」
信徒趕忙招呼著：「師父！請坐！」
老法師仍答：「觀世音菩薩！」
信徒又端上茶水：「師父請喝茶！」
老法師依然說：「觀世音菩薩！」
無論信徒說什麼，老法師總是回答：「觀世音菩薩！」
為什麼如此呢？
是因為當生命遇到危險、沒有地方安住時，老法師只一心皈命觀世音菩薩，把身心安住在菩薩的聖號上面。

所以，當我們遇到苦難而皈命觀世音菩薩時，不管觀世音菩薩是否因我們的虔誠感應而救了我們，但至少當下我們已能將身心安住在對觀世音菩薩的信仰上，得到了莫大的平安。

有時我們會感到身心無法自在，不知安住在何處？假如我們對觀世音菩薩生起信心，就可以把身心安住在觀世音菩薩上面，身心一旦獲得安住，遇到任何的困難也就無所障礙，可以任運自在了！

無緣大悲

有一位佛教徒擁有一尊白瓷觀音，整尊觀音聖像質地細緻，塑工精巧，純白莊嚴的光澤，任何人看了都讚歎不已。

這位信徒聽說佛像都要拿去寺院開光，如此才會有所感應，使齋家所求如願，於是他帶著心愛的白瓷觀音來到寺院準備開光。

一到寺院，他看見佛殿的供桌上，已擺滿各式供品和等著開光的佛像。他自私地把別人的供果、佛像移到旁邊，將自己的白瓷觀音擺在最中間，開始焚香祝禱。

香煙隨風四處飄送，這個信徒又不甘心自己燒的香給別的佛像享用，因此把香環綑綁在白瓷觀音的鼻子上，心裡暗自得意，如此自己燒的香，就不會被其他的佛像聞去。沒想到經過幾小時的薰染，一尊晶瑩純白的美麗觀音，頓時變成一尊黑鼻觀音。

觀世音菩薩以無緣大悲，而入光明之行，這無緣大悲，即是「平等教化、普門示現」之同體大悲也，所有一切眾生皆為其救濟對象。倘若觀世音菩薩有我執的話，也不會成就其廣大圓滿的功德。但人的自私心，造成人我之間的傷害，從家庭到公司到社會，甚至引發國際間的戰爭，都是由於太保護自己的利益而造成的。

自私的信徒將一尊莊嚴無比的觀音，薰成黑鼻觀音，故事看起來好笑，但反觀我們自己，不也由於陷入自我的執著，把原本純白的心地，染成濁惡的無明嗎？純白無玷的觀音，人人本具，只因被貪心之色染汙。黑白觀音的差別，就在我們肯不肯放下自私的一念。

遍及十方

觀世音菩薩耳根圓通，故能不受時空所限，同時聽聞到十方世界眾生稱念其名，而且他的法身遍及十方世界和所有空間，在在處處，及時化現為眾生解脫痛苦。

前南京國立高等師範學校的校長江易園居士，是一位篤信觀音的虔誠佛教徒，平時多持念觀世音菩薩名號，並誦〈大悲咒〉。

當他住在上海海寧路天保里時，有一天傍晚，鄰處失火，火勢一發不可收拾，眼看便要燒到自己家裡，情況十分危險。這時江居士卻不慌張，舉家齊心持念觀世音菩薩名號及〈大悲咒〉，心中觀想觀世音菩薩在虛空中手執著楊枝寶瓶，以大悲水灌入火所，奇妙的是，沒多久，猛烈的火勢竟然就無故消滅，而令全家平安。

此一觀世音菩薩的應化示現，令江居士深感觀世音菩薩的靈感不可思議，憑藉觀想，也能得到無比的感應，更別提有人常在夢境中蒙受觀世音菩薩的加持。

像清朝有一位姚氏信女，也是信仰觀世音菩薩，有一回他身上忽生了一個硬塊，疼痛不已，看了許多醫生都沒有好轉，於是他發心持觀世音菩薩名號及〈大悲咒〉。某天晚上，他睡覺做夢時，夢見一位老婆婆送給他一枝花，接過那枝花後，頓感身輕如葉，醒來後感覺硬塊似已消除，豁然明白夢中的老婆婆是觀世音菩薩化現來救他的，不久病即痊癒，從此他對觀音信仰更加堅定不疑。

怎樣知道有觀世音菩薩

也許，你會懷疑：「真的有觀世音菩薩嗎？」

或者，你會自問：「觀世音菩薩真的靈驗嗎？」

觀世音菩薩在哪裡？

他在我們每一個人的心裡，當覺知到自己起慈悲心，即知有觀世音菩薩。

慈是「予樂」，悲是「拔苦」。慈悲二字，代表觀世音菩薩倒駕慈航、累劫勤苦——「給予一切眾生快樂，拔除所有眾生之苦」的無我精神。

當我們心生起帶給別人快樂，為別人解決問題的善念，並化為實際的行動，那就是觀世音菩薩和我們印心的「拈花微笑」之時！

觀世音菩薩具有各種的化身，我們每一個人都可能是觀世音菩薩的化現，有時是一隻狗，或是一朵花，乃至我們的敵人，他們在某個特別的時刻出現，甚至發生某種現象，都隱藏在因緣之中，要我們去參究洞察的觀音心。如果以世俗之相，要去尋找觀世音菩薩的話，就好比水中撈月一般，徒勞無功。

有時，我們也會抱怨，為何向觀世音菩薩祈求了，卻未能如願呢？

那麼，你也要自問，你求的是什麼願？是為滿足自己私欲的願望呢？還是為了利益他人的無私之願？

有時菩薩未立即滿你的願，也許你還需要再花上一段時間，多培養一些耐性去等待這個願望的到來。相信他的安排，默念思惟，把身心安住在諸佛菩薩身上，這也是一種心性的鍛鍊！如果太多事唾手可得，念幾聲觀世音菩薩，就能得到所求的一切，那麼，你會懂得珍惜嗎？不。因為你的心還不夠堅定、不夠深切、不夠廣大。

所以，我經常向信徒們說：「你們一定要相信觀世音菩薩，他是和娑婆世界最有緣，也是最具靈感的菩薩，每日勤念觀世音菩薩聖號，必定帶給你們生活中不可思議的收穫和成就。」

訓練圓滿的觀音心

在順境時，我們常常忘了觀世音菩薩的存在。

往往是身處逆境的無明煩惱與身心痛苦時，我們才會憶念起觀世音菩薩。

觀世音菩薩的出現，最大的意義不在於解決我們一時的困境，而是開啟我們的心，如此才能真正地離苦得樂。

不管你快不快樂，既然來到這個人世，我們都要發願讓自己活得快樂。

儘管事與願違，或是處於逆境，就算是肉體受到了痛苦，生病了，衰老了，受傷了，我們的心也要努力保持快樂，活得快樂。

有勇氣去經驗痛苦、超越痛苦，讓心得到平衡和快樂，才能體驗圓滿的觀音心。

訓練圓滿的觀音心，要從理解自己和別人的痛苦開始，並且不忘柔軟與堅定。

痛苦像一面鏡子，照出了我們的傷痛、脆弱、恐懼和煩憂，在天堂的人是不會理解地獄的痛苦，所以，有時我們生命中出現了痛苦，是讓我們有一個機會去經歷它深層的意義。

一般人一碰到痛苦，就是想逃離它，或因此而生起了各種情緒，憤怒、不安、怨恨、焦慮等痛苦的一面；但另一面，痛苦也讓我們學會放下驕傲，變得謙卑，進而生起理解他人的同理心，以及悲天憫人的慈悲心。

換一個角度，當面臨痛苦時，試著把我們的角色轉換為觀世音菩薩，想像觀世音菩薩在面臨這個困境時，他會怎麼做？是手忙腳亂，還是從容以對？他怎麼讓自己的心處於平靜安定的狀態？

在此之前，你可以先默念觀世音菩薩聖號，讓觀音的慈悲心流入你的心中；如果你能以觀音心去面對痛苦，相信你對痛苦會有不同的感受，你會比較敞開心懷去面對它，而痛苦對你的負面影響也會銳減，甚至會消失。

同樣地，當我們面對家人的痛苦、朋友的痛苦，乃至陌生人的痛苦、敵人的痛苦、一切眾生的痛苦，我們若以觀世音菩薩的慈悲心去看待他們，是不是也有不同的感受？變得更能同情、寬容和體諒。

也許，你還做不到觀世音菩薩所具有十大圓滿的觀音心，但有時——

你在適當的時候，以柔軟的語言安慰了別人，你就是在應機教化；

你在別人受困的時候，伸出一雙溫暖的手，就是在實現不可思議的靈感；

你常用美好的眼光，欣賞每天出現在生活中的人事物，那你就是慈眼視眾生；

你願意勇敢地挺身而出，不畏人言，關懷弱勢，你便是施無畏者；

你不時懷著利益安樂他人的心願，你就有千手千眼的力量生起；

不管遭遇任何困難、阻礙，你仍堅持幫助別人，那你即是精進不退；

在歷經痛苦時，不受其苦，而安住在諸佛菩薩身上，你就可以無礙自在；

看著電視或報紙上受難的人們，心中生起對他們的祝福，你便是無緣大悲；

任何時候，你都不忘失慈悲心，並以此慈悲心對待一切有情，即為遍及十方。

第二章 觀音緣

怎樣成為觀世音菩薩呢？首先，你得跟觀世音菩薩一樣，先要發心發願，再透過學習觀音法門的修行，獲得智慧和慈悲心；自利以後，便能在生活中，運用觀音管理的智慧和慈悲心幫助他人，給人一些好因好緣。

觀世音菩薩為什麼能在娑婆世界處處受到人們的歡迎？因為，觀世音菩薩總是無私無怨地「給人一些好因好緣」。在諸多善法中，沒有比「給人一些好因好緣」這件事，更為重要。

田園裡的花草，你給它一些雨露，它會生長得更美麗；樹上的鳥雀，你給牠一些稻穀，牠會展現嘹亮的歌喉。學生，你給他一些鼓勵，就是給他一些好因好緣的成長；老師，你給他一些讚美，就是給他一些好因好緣的薪傳。

好的商品，你幫助它推薦；選賢與能，你幫忙他拉票，這就是給人好因好緣。有時候用一個鼓勵的眼神，也能助人向上；甚至隨喜隨緣，不障礙別人的好事，更是無上的好因好緣。

其實，世間上可以給人因緣的地方很多，父母子女之間應該互相給予好因好緣；同事朋友之間，也應該彼此給予對方一些好因好緣。

佛陀在臨涅槃時說：與我有緣的眾生，我皆已度脫；與我沒有往來的眾生，我也已經為他們作了得度的因緣。

在佛教史上，歷代祖師大德，若沒有遇到接引的好因好緣，也無法成就其一代宗師。例如：有名的惠能大師，因安道誠布施了十兩助道金，立下中國禪宗發揚光大的基礎；臨濟義玄禪師被師父黃檗希運禪師連打三次，還叫他去參訪高安大愚禪師，終於言下大悟，故有後來「臨濟子孫滿天下」的盛譽；馬祖道一禪師的嫂嫂經其指導，果然在「聽雞蛋」多年後，悟道得度；世親菩薩則因胞兄無著的善巧接引而「回小向大」，趣入大乘之門，成為千部論師。

有的人用一句話，可以給人入道因緣；有的人寫一封推薦書，也可以助人留名青史。唐朝文起八代之衰的大文豪韓愈，前往參訪大顛和尚時，因為侍者一句「先以定動，後以智拔」，終於尋得入佛法門。

齊國大夫寧戚，因為管仲的一封介紹函，終受齊桓公的重用，後來幫助桓公遊說宋國，使宋國不戰而降加入盟約。

歷史上多少領袖，之所以成為領袖，都是因為他們肯給人一些因緣，才能讓他人有所成就；企業界之所以能延攬人才，也是因為提供好的因緣機會，才能讓各種人才發揮所長。

在不傷害自己而於人有利的情況下，給人因緣愈多，一切就會愈好。給人一些好因好緣，就是自己廣結善緣之道，也是自我成就之道；給人一些好因好緣，不但利人，而且利己，何樂而不為呢？

給人一些好因好緣，就是觀世音菩薩的願心！

觀世音十大願

觀世音菩薩的願心，無非是「利他」二字。

宋代天台宗四明知禮和尚，以《大悲心陀羅尼經》為主編集、制定《大悲懺》，儀軌中，有一個非常重要的儀式，行者在入懺持咒時，必須先效法觀世音菩薩發十大願：

南無大悲觀世音，願我速知一切法；

南無大悲觀世音，願我早得智慧眼；

南無大悲觀世音，願我速度一切眾；

南無大悲觀世音，願我早得善方便；
南無大悲觀世音，願我速乘般若船；
南無大悲觀世音，願我早得越苦海；
南無大悲觀世音，願我速得戒定道；
南無大悲觀世音，願我早登涅槃山；
南無大悲觀世音，願我速會無為舍；
南無大悲觀世音，願我早同法性身。

此觀世音菩薩十大願文，願願都是以「利他」而發的，都是為了「上求佛道，下化眾生」而發的，這是觀世音菩薩為了給予眾生一些好因好緣，所立下的廣大、深遠之弘願。也為了利益一切眾生，護佑一切眾生，也讓眾生有一個精神依歸。

仔細思索十大願文中的每一願，從自我的覺悟到契入觀音的菩提心，皆隱含觀世音菩薩的慈悲與方便。其中，最重要的就是：人人成為觀世音菩薩。

怎樣成為觀世音菩薩呢？

首先，你得跟觀世音菩薩一樣，先要發心發願，再透過學習觀音法門的修行，獲得智慧和慈悲心；自利以後，便能在生活中，運用觀音管理的智慧和慈悲心幫助他人，給人一些好因好緣。

在此，先談一下歷代大德們如何受觀世音菩薩的啟發，因而也成為觀世音菩薩的化身，與眾生結下美好的觀音緣！

觀音化身

在〈普門品〉中，細說觀世音菩薩具有三十三種化身，但觀世音菩薩的化身，又何止三十三種。以他千手千眼的功德神力，具千百億化身，亦為尋常。

中國佛教中有一位傳奇的觀音化身，為南朝的寶誌禪師。

寶誌禪師，金城人，俗姓朱，是位得道高僧，一般人都稱他寶誌公禪師。

宋明帝泰始初年開始，忽然變得怪異瘋癲起來，不但居無定所，連飲食也沒有定時，就算幾天沒吃飯，似乎也不會餓。披頭散髮，連冬天也光著腳丫，手裡持拿著一根錫杖，上面掛著剪刀、拂塵、銅鏡等，忽而飄東，忽而飄西，四處過著自在雲遊的生活，一派旁若無人、超凡脫俗的模樣。有時邊走邊吟起歌來，或者寫寫詩詞送給別人，那些歌詞和詩語，都如同神祕的預言一般，無不應驗。因此，京城中，上自貴族官員下至販夫走卒，都視為奇人，對他另眼相待，格外敬重。

齊武帝時，認為寶誌公禪師到處妖言惑眾，便把他關進建康（南京）監獄裡。他在獄中依然十分開心，隔天一早，又有人發現他仍在市街遊走，一到監獄查看，他竟還是待在牢房裡。

齊武帝知道他並非尋常之人，便將禪師請到宮中華林園供養，但對他仍多所防範，處處限制他的行動。一天他忽然穿起孝服，不久，俄豫章王、文惠太子相繼過世，齊武帝也厭世身亡，齊朝結束，梁朝開始。

篤信佛教的梁武帝即位後，對寶誌公禪師推崇有加：「誌公的行跡雖受塵垢所拘束，但他的精神卻能神遊太虛，水火、蛇虎皆不能侵，也無法令其恐懼。對於佛理，更在聲聞之上，其隱淪的行跡，完全是遁仙高人之顯現，怎能用粗鄙的世俗常情來拘禁他呢？」

從此，寶誌公禪師可以任意進出宮中，和梁武帝建立師徒般的關係，不但為他解除煩惑，也常顯神通，祈求天雨、解除旱災等等，現代流傳的《梁皇寶懺》即為梁武帝為超度皇后郗氏，禮請寶誌公禪師等十位高僧所編集。

後來寶誌公禪師將去世前，忽然告訴大眾要將金剛神像移出寺外，而且偷偷告訴別人：「菩薩準備要走了。」

幾天後，九十多歲的老禪師無疾而終，梁武帝將他厚葬在南京鍾山，敕謚他為「妙覺大師」。

至於寶誌禪師為觀音化身的傳說，是因為他曾經顯現過十二面觀音像。當時，梁武帝曾命一位名畫家張僧繇，為寶誌禪師畫像。畫像時，寶誌禪師卻同時能現出多種不同的莊嚴法相，一下是慈悲相，一下又是威猛相，最後張僧繇共為他畫出十二面觀音相，流傳於後世。

唐朝僧伽大師，相傳也是觀世音菩薩的化身。

從小出家的僧伽，立志雲遊四方，遊歷西涼、江淮各地。唐朝龍朔初年，他來到泗洲（江蘇省泗洪縣），開始顯露出他的神異。

當時僧伽大師準備在泗洲建寺，四處參訪擇地，到了香積寺舊址時，一見到荒廢的古碑和金像，像衣上還刻有「普照王佛」四個字，便決定在這座舊寺基上建造新寺，寺成後，香火慢慢鼎盛起來，僧伽的聲名也遠播至京城。

根據《神僧傳．萬回傳》記載：

唐中宗曾問萬回：「僧伽大師是何人耶？」

萬回回答：「觀世音菩薩化身也。」

唐中宗景龍二年（七〇八），皇帝召見僧伽大師，並設宴款待，兩人相談甚歡，十分投契，中宗親賜他所建造的寺名為「普照王寺」，並尊為國師，駐錫薦福寺，亦為皇帝祈降過甘霖雨水。

據說僧伽大師經常獨處一室。屋頂上有一個洞穴，平日用棉絮堵住，到晚上拿掉棉絮，裊裊的香煙會從洞穴冒出來，一時薰香滿室。而且僧伽大師經常洗腳，人們喝下他的洗腳水，再難治的疾病都能痊癒。

此後，從唐到五代、宋朝，僧伽大師一直備受推崇，歷代許多皇帝皆供奉其像。敦煌石窟中，他的法像還出現在宋代所繪的畫作上。清朝時，福建街巷間也多供奉「泗洲文佛」，如同供奉觀世音菩薩一樣。

不論是寶誌公禪師，還是僧伽大師，只要發心廣大，直下承擔，起大悲心者，就是觀世音菩薩在不同時空的化身。

永明延壽得觀音甘露

倡導「禪淨共修」的永明延壽禪師，則是受了觀世音菩薩的加持感應。

唐末五代的永明延壽禪師，生性慈悲，未出家前，擔任地方州府官員，負責掌管稅務，平時就經常買市場裡待宰的動物放生。

有一年大旱，民不聊生，他不忍見百姓沒飯可吃，於是未經朝廷批准就啟用庫銀，發糧賑濟。事情傳到朝廷後，皇帝大怒降罪下來，要處以斬首極刑。

正要被殺時，永明延壽卻臨危不亂，一心稱念「觀世音菩薩」聖號，並自思惟：「在國法上，我雖然犯罪；但在佛法上，我放生救民，利益眾生，求仁得仁，於願已足，並把生命交給諸佛菩薩。」就這麼他低下頭來，安心等待處決。說也奇怪，每一次劊子手揮舞利刃，準備行刑時，有一隻蒼蠅老是繞著刀口，糾纏不去，使得劊子手無法專心下手。遇此奇怪的現象，監刑官也驚覺有異，深怕誤殺了人而觸怒上天，便暫停執法，速將案情上稟朝廷。

皇帝下令追蹤案情究竟，經過深入調查，得知永明延壽啟用公款並非為了私己，而是為了拯救無辜的百姓，決定赦免他的死罪。

此事過後，洞察無常迅疾的永明延壽，決定捨棄官位及早修行，便投龍冊寺翠巖令參禪師出家受戒，過著粗茶淡飯、寧靜淡泊的禪修生活。

他曾前往天台山天柱峰禪坐習定九十天，出定時，發現鷃雀鳥竟然在他衣角上築了一個巢，可見其禪定功夫已非一般。不久，永明延壽禪師又參謁法眼宗天台德韶禪師，並且得到德韶的印可。

有一回，全寺僧眾一起出坡工作，忽然咚地一聲柴薪墮地聲響，永明延壽禪師豁然領悟，偈曰：「撲落非他物，縱橫不是塵，山河並大地，全露法王身。」

禪修之外，永明延壽禪師並於國清寺結壇修《法華懺》。一日，在禪定中，他看見觀世音菩薩拿著甘露水灌入他的口中，從此辯才無礙，繼承德韶禪師的法脈，為法眼宗三祖。

之後，他又致力淨土法門，為中國首倡「禪淨雙修」第一人，並規定誦念佛號為日常功課，將淨土法門普及至民間，後人追述他為淨土宗六祖。

親鸞上人見觀音現身

觀世音菩薩應化的因緣，不僅在中國，連日本的佛教界也處處應化度眾。

日本平安時代末期到鎌倉中期，親鸞上人（一一七三～一二六二），於承安三年出生在京都，俗姓藤原，名範宴。

不幸的，童年時，雙親先後過世，九歲的他只好依止比叡山天台宗青蓮院的慈圓法師出家，平時以不斷念佛作為每日功課。

親鸞在比叡山刻苦精進長達二十年時光，對於天台宗的觀心和判教理論，以及源信和尚的淨土教義，基本學養大致完備。在深刻思考如何才能達到究竟解脫後，親鸞決定捨棄天台，選擇淨土法門。建仁元年（一二〇一），到京都六角堂進行百日參籠（即百日閉關修行），為後世眾生虔心祈禱，尋找出離之道。

日子一天天過去，百日將至，親鸞卻一無所獲，他仍然不放棄。就在第九十五日破曉時刻，親鸞誦念聖德太子的祈禱文之際，忽然看見觀世音菩薩現身眼前。

親鸞感動萬分，明白因緣已到，菩薩為他指出一條明路，於是放心出關。隨後得知法然大師所推行的「念佛易行」法門，隔天即前往吉水拜謁法然源空上人，並且成為法然大師的傳人，光大佛法於日本。

和觀音有緣

自古以來，受觀世音菩薩庇佑、點化之靈感故事，屢見不鮮。

在近代，我們很熟悉的大護法——孫立人將軍的夫人孫張清揚女士，也是和觀音有緣，他曾親口敘述過被觀世音菩薩施救的特別遭遇，此一事蹟，更堅定他對觀世音菩薩的信仰。

孫張清揚女士（一九一三～一九九二），自小生長在湖南富裕人家，母親是一位虔誠的佛教徒，但清揚從小卻就讀於教會學校，所以一開始對佛教並未深入。孫張清揚就讀南京匯文女子中學時，透過同學的介紹，和在南京擔任黨校新軍和憲警幹部訓練的孫立人將軍結識，兩人在孫張清揚高中畢業後（一九三〇年），於上海結為連理。

四年後，孫張清揚跟隨丈夫的軍隊移防至江西南昌，有一晚，他忽然夢見一尊巨大的觀世音菩薩矗立空中，手持淨瓶，慈眉善目地望著他，他不禁跪下向觀世音菩薩頂禮祈求，但心想自己什麼都有了，便為母親求壽。一霎時，菩薩消失無蹤，轉而出現一位老太太，遞給他一杯淨水，他喝下後竟感到無比地清涼。

老太太對清揚說：「求壽並不難，你宿世與佛有緣，但卻為紅塵所迷，要愈早修行愈好。」夢醒時，清揚忖度不已，覺得極為神奇，往後便開始精進學佛，母親得知後，送他一串念珠，並教他持念「南無阿彌陀佛」。不久，隨著軍隊再度調動，清揚居士跟著來到浙江。

有一天，他在外頭吹了風，回家後，半邊嘴臉歪斜一邊，看遍所有的中西醫，甚至試過各種藥草偏方，卻都無法醫治。當時清揚居士還很年輕，對外貌仍然相當在意，加上丈夫離家在外打仗，無人慰藉，長期受此歪嘴病苦的折磨，興起輕生的念頭。他拜託部屬的太太們每人為他買兩顆安眠藥，蒐集半瓶後，準備仰藥自盡。

這時，他忽然想到，自己應當先和母親告別，便拍了一份電報給母親，母親接獲電報後，立刻趕來浙江，請家中大眾持齋一天，又在佛案前供水，焚香祝禱，並誦念二十一遍的〈大悲咒〉後，叫清揚居士跪著喝下大悲水，邊喝邊觀想他曾夢見過的白衣大士。

就在清揚居士恭敬喝下大悲水幾個小時後，歪嘴的情況已明顯好轉，三天後，這莫名的奇怪疾病，竟不藥而癒了。等病完全治癒後，清揚居士和母親一起到南海普陀山朝聖，並在手臂上燃香供佛，以感念菩薩的慈悲救度之恩。

爾後，他受觀世音菩薩感召，潛心修行，並成為護持台灣佛教的大居士，曾以無上悲心，奔走解救來台遭遇僧難、身繫囹圄的大陸出家人，其行令人敬佩。

善財童子拜觀音

為什麼觀世音菩薩和我們東方人，特別有緣呢？

觀世音菩薩是以我們娑婆世界為其活動的場所，而娑婆世界也是觀世音菩薩除了西方極樂世界以外，依報的淨土之一。

在《華嚴經．入法界品》中，提到善財童子四處參訪諸善知識，其中第二十七參，即是到普陀洛伽山參訪觀世音菩薩。

《華嚴經．入法界品．善財第二十七參訪觀自在菩薩章》中說：

鞞瑟胝羅居士告善財言：「善男子，於此南方有山名補怛洛迦，彼有菩薩名觀自在，汝詣彼問：『菩薩云何學菩薩行，修菩薩道？』即說頌曰：

海上有山多聖賢，眾寶所成極清淨。

華果樹林皆遍滿，泉流池沼悉具足。

勇猛丈夫觀自在，為利眾生住此山。

汝應往問諸功德，彼當示汝大方便。」

爾時善財童子，漸次遊行，至於彼山，處處求覓此大菩薩。見其西面巖谷之中，泉流縈映，樹林蓊鬱，香草柔軟，右旋布地，觀自在菩薩於金剛寶石上，結跏趺坐，無量菩薩，皆坐寶石，恭敬圍繞，而為宣說大慈悲法，令其攝受一切眾生。

普陀洛伽山或補怛洛迦山，在諸經典中有不同譯法，其意為「小花樹莊嚴山」，即：在這個山上，有許多小白花樹，開著芳香的花朵，香味飄散遠方各處。這即是觀世音菩薩常住說法的淨土。

善度居士告訴善財童子往印度南方而去，有山名補怛洛迦，那裡有一位菩薩名叫觀自在，應前往參訪。當善財童子到達時，到處尋找觀自在菩薩，看見西面深邃的山谷間，有晶瑩的流泉，芬芳的樹林，柔軟的草地，觀自在菩薩正坐在金剛寶石上，為諸多一起坐在寶石上的無量菩薩們宣說大慈悲法，令其度化一切眾生。

除了印度南部的補怛洛迦山之外，中國也有補怛洛迦山。

中國的補怛洛迦山在哪裡呢？

中國觀世音菩薩說法的淨土世界，就在南海普陀山。

普陀山位於浙江杭州灣，是舟山群島中的一座小島。主峰是海拔二九〇公尺的佛頂山，島上遍布翠綠峰巒及幽深岩洞，最特別的是沿山林立的無數寺院。其中最著名的是前寺普濟寺（供奉觀音大士的主剎）、後寺法雨寺（印光大師閉關自修處）和慧濟寺等三大禪寺。此外，另有紫竹林、楊枝等三十多處禪院。尤其，慧濟寺下方的「梵音洞」，據說因緣具足，能與之相應的人，便能隨機見到觀世音菩薩不同的應化示現。

普陀山以觀世音菩薩的神蹟與感應聞名，也是海內外虔誠信仰觀世音菩薩的佛教徒，誓願一輩子必朝禮的聖地。在香會時期，每一所寺院的香煙縹緲繚繞，念佛誦經的梵音與潮來潮往的濤聲合而為一，形成美妙殊勝的「海天佛國」風光，所以說它是中國的補怛洛迦山，名副其實。

普陀山與觀世音菩薩亦有一段甚深因緣。

在南海普陀山，有一尊大有來歷的「不肯去菩薩」。

五代後梁時期，日本和尚慧諤法師從日本來到山西五台山參訪，當時他看見一尊法相莊嚴的觀世音菩薩，心生歡喜，一再拜了又拜，捨不得離去。

他心想：「如果向常住開口要這尊佛像，一定拿不到，不如直接向菩薩祈求，悄悄把這尊佛像請回日本供養，菩薩一定會原諒我的。」

於是，趁四下無人時，一把抱走了這尊菩薩，立刻乘船回日本，沒想到船航行到舟山群島，也就是現在的普陀山附近時，海上忽然浮現出許多鐵蓮花，在船前船後密密圍了一匝，使得這艘船既不能前進，又不能後退，就在這裡困住了好幾天，動彈不得。

這時，慧諤法師終於覺悟：「大概是菩薩不肯去日本吧。」

想了又想，覺得也許菩薩和這座小島有緣，於是抱著菩薩下船上岸，在當地開山建寺。慧諤法師在普陀山所建的第一個寺院，就叫做「不肯去觀音院」，用以紀念「不肯去菩薩」的這一段奇緣。

從此，舟山群島一帶得了「蓮華洋」的美稱，而南海普陀山，也成為佛教聖地之一。

其實，如同觀世音菩薩千百億化身一般，無論是印度南部的補怛洛迦山或是中國舟山群島的南海普陀山或是西藏的拉薩等等，都是觀世音菩薩說法的淨土世界。

未來若能實現人間佛教的理想，將整個娑婆世界都轉化為觀世音菩薩的補怛洛迦山，每一個人皆與觀世音菩薩結下好因好緣，那即是觀世音菩薩大悲心的理想境界，也是他最大的願望。

觀音就在你家

在中國，只要一談起朝禮觀世音菩薩，幾乎都會想起「南海普陀山」這座海島聖山。一來到此地，也必會到梵音洞去尋找觀世音菩薩顯化的身影。

過去有一位脾氣很不好的殺豬屠夫，平時就很愛生氣，尤其對母親更常惡口斥責。這名屠夫雖然不孝，但對觀世音菩薩的信仰卻有幾分虔誠。一次他跟著進香團，不辭千里跑到南海普陀山朝聖，聽說普陀山的梵音洞很靈驗，常有觀世音菩薩現身，於是他特地前往，希望能看見活觀音，無奈四處找尋，整個洞穴空蕩蕩的，始終不見菩薩的蹤影。

屠夫十分失望，心想：「為什麼無緣見到活觀音呢？這普陀山的觀音一點也不靈嘛！」

正好路上走來一名慈眉善目的老和尚，屠夫便上前請問：「我在梵音洞尋找菩薩的真身，從早到晚找了一整天，卻遍尋無蹤，要怎樣我才能見到活觀音呢？」

老和尚一聽，笑答：「你要見活觀音嗎？那觀音已經跑到你家去了，你回到家就能見到活觀音。」

屠夫頗為吃驚，忙又問：「活觀音長什麼樣子呢？要如何才能認出他？」

老和尚回說：「他的衣服是反著穿的，鞋子也是倒著穿，你只要看到反穿衣、倒踏鞋的人，那就是活觀音了。」

屠夫聽完老和尚的一番指點，心裡非常興奮，一路急忙趕著回家。回到家已經三更半夜了，屠夫一心想見到活觀音，便焦急地敲門：「快來開門啦！」

母親一聽是兒子叫門的聲音，因為懼怕兒子的粗暴，便急著起床開門。匆忙之間，不但將衣服穿反了，連鞋子也倒踏著。

一打開門時，兒子一看見母親的模樣，不正是老和尚所說的活觀音嗎？

屠夫終於心有所悟，明白老和尚的用心良苦，原來時時刻刻為兒女含辛茹苦，受盡人間艱苦的母親，就是活觀音。

觀世音菩薩有求必應，世界上的母親何嘗不是如此？給予兒女物質生活的無慮，作為兒女精神的堡壘。觀世音菩薩救苦救難，人間的母親亦復如是！兒女有病，心中糾結，衣不解帶，照料在側，就像《維摩詰經．問疾品》說：「眾生病，故菩薩病。」一顆心，念念繫在兒女的安危上。

觀世音菩薩千百億化身，其中的化身之一，便是人間的母親——用他的血乳哺育我們的身體，用他的慈悲茁壯我們的心性，用喜捨成就我們的前程。

我們要實現觀音法門的第一步，就是要孝順我們的父母，因為他們正是我們每一個人的活菩薩。父母之恩，不只天高地厚；父母之恩，在於讓我們體會到最切身的慈悲，慈悲無所不在。

當我們報父母恩，就是報佛恩的方式之一。

願心的昇華

想成就任何事，一定要先發心立願。發心立願，並不是一種口號，而是一種修行、實踐。一如觀世音菩薩。

願從心生，發願就是「發心」。

世間上最寶貴的能源，最殊勝的財寶，不在地底下，不在深海裡，不在銀行中，不在荷包內，而是在我們的心中。「心」如田，如地。農田必須經過開發，才能播種、耕耘、收成；土地必須經過開發，才能建造樓房，發展企業。我們的心田、心地也必須經過「開發」之後，才能產生無限的功用。例如——

我們的心中有慈悲，如果能「發心發願」將慈悲開發出來，就能夠人我一如，無怨無悔。

我們的心中有智慧，如果能「發心發願」將智慧開發出來，就能夠深入法海，自利利他。

我們的心中有慚愧，如果能「發心發願」將慚愧開發出來，就能夠謙沖虛懷，不斷進步。

我們的心中有歡喜，如果能「發心發願」將歡喜開發出來，就能夠利樂眾生，永不退轉。

甚至我們「發心」吃飯，就能吃得飽足；我們「發心」睡覺，就能睡得香甜；我們「發心」走路，就能走得長久；我們「發心」做事，就能做得起勁。

生活上的一切都要靠「發心發願」才能進步增上，圓滿完成。

二十歲以前，我與一般人一樣，匍匐在香煙裊裊的佛殿中，誠心祝禱：

慈悲偉大的佛陀！

慈悲偉大的觀世音菩薩！

請您加持，
賜給我慈悲，讓我能息滅貪欲瞋恚；
賜給我智慧，讓我能除去痴暗無明；
賜給我勇氣，讓我能衝破一切難關；
賜給我力量，讓我能順利學佛求道。

每天在朝暮課誦之後，我都這樣地祝禱，心裡覺得如此的祈求是理所當然的。但二十歲以後，我從佛學院結業出來，忽然一個念頭閃入心中：「我每天向菩薩求這求那，都是為著自己，豈不太自私了嗎？如果每一個佛弟子都像我一樣貪得無厭，諸佛菩薩為了滿足我們的所求，不是忙碌不堪嗎？」

自此以後，每當禮佛誦經、講經說法等各種功德佛事圓滿之後，我的祈願內容有了改變：

慈悲偉大的佛陀！
慈悲偉大的觀世音菩薩！

請您加持我的父母師長，
讓他們福壽康寧；
請您加持我的親朋好友，
讓他們平安吉祥；
請您加持我的有緣信徒，
讓他們事業順利；
請您加持一切功德護法，
讓他們福慧增長。

觀世音菩薩垂目含笑，似乎是在嘉許我的進步，我自覺心安理得，因為我不再自我需索，而是為別人祈求。

然而就從二十歲那一年起，我開始了曲折多變的人生。先是追隨太虛大師革新佛教的理念，冒著生命危險，企圖整頓寺院，功敗垂成，因而「發願」有生之年，必定要盡一己之力復興中國佛教，後來果然「願不虛發」；因此又再「發願」將來要「普門大開」，建寺安僧，接納十方，結果也是

「有願必成」。

有鑒於當時的佛書艱澀難懂，我發心寫《釋迦牟尼佛傳》，祈願用文學的方式來表達佛陀偉大的一生，或許是因為熬夜寫稿的關係，經常咳嗽，以為得了肺病，所以每天拜佛祈求，一方面希望能寫完佛傳再讓我往生，一方面「發願」要將佛陀寫成人間化、人性化的至情至聖。一年多後，順利出書，而我從拜佛發願當中，也啟發了無限的信心，每天彷彿徜徉在佛陀的慈悲中，與佛陀感應印心。

我曾經三次入獄，在宜興擔任白塔小學校長時，白天國民黨軍隊來搜查共產黨游擊隊；晚上共產黨游擊隊又來偷襲國民黨軍隊，我先後被抓去逼問軍情。到了台灣，民國三十八年，我又遭到嫁禍為匪諜，與慈航法師等數十名出家人一起被捕入獄，關了二十三天。死裡逃生之後，感到生命無常，從而「發願」要將自己所體證的佛法布施給大眾，因此我四處弘法，樂說不怠，即使歷經挫折、重病，也不曾退心。

就這樣慢慢地到了四十歲之後，有一天，我反觀自照，略有所得：過去所有的祈願也是自私自利，不盡如法啊！因為我請求佛菩薩庇佑的對象，無一不是圍繞在「我的」這兩個字上面，這仍然是一種自私的貪求。從四十歲到五十歲，我的祈禱有了一番突破：

慈悲偉大的佛陀！
慈悲偉大的觀世音菩薩！
祈求您給世界帶來和平，
祈求您給國家帶來富強，
祈求您給社會帶來安樂，
祈求您給眾生得度因緣。

每次念完這段祈禱文，心中不免自喜，覺得在修行上又更上一層樓，因為我不是為我自己祈求，也不是為我的親友信徒祈求，而是在實踐《華嚴經》所說的「但願眾生得離苦，不為自己求安樂」。從四十歲到五十歲這十年當中，正值創建佛光山期間，在開山伊始，我就發願「給人信心，給人歡喜，給人希望，給人方便」。在願心的支持下，不管是山洪巨風的來襲，或財務困難的危機，我都勇往直前，不曾退縮，不知不覺中突破了許多困難。當時世局詭譎，一度人心惶惶，我在美國設立道場，也處處遭逢困境，憑著「佛光普照，法水長流」的願心，終於忍辱負重，克服萬難。

時光荏苒，心中的體會也不時遞嬗。五十歲過去了，我忽然心有所感：學佛應該是效法諸佛菩薩

「代眾受苦，難行能行」的精神，為什麼自己卻總是祈求諸佛菩薩做這做那？

因此，五十歲以後，我開始向諸佛菩薩作如是的告白：

慈悲偉大的佛陀！
慈悲偉大的觀世音菩薩！
請讓我來負擔天下眾生的業障苦難，
請讓我來承受世間人情的辛酸冷暖，
請讓我來延續實踐佛陀的大慈大悲，
請讓我來學習如來世尊的示教利喜。

回想這數十年來，我雖然開刀多次，卻未曾間斷弘法工作；我奔走斡旋，終於讓海峽兩岸佛教的代表，首次坐在同一個會議廳裡商討議案；我走訪中國大陸，為兩岸和平以及福利眾生而祈願；我多次溝通協調，說服諸方大德，在印度佛陀成道處舉行國際三壇大戒，恢復南傳國家比丘尼僧團制度；我不辭辛勞，在世界五大洲遍設道場及佛光會，實現僧信平等、光大佛教的理想。

清夜自捫：凡此艱鉅使命，一一完成，若非蒙我佛加被，以願心為力量，何能致此？

省庵大師曾說：「入道要門，發心為首；修行急務，立願為先。願立則眾生可度，心發則佛道堪成。」

觀世音菩薩亦以「願心」成就無上菩提，其每一個大願，願願都在饒益有情。普利世間，慈悲喜捨是多麼地深宏廣大。

多年來的修持體驗，使我深有所感：「發心立願」如同學生的升級，應該要策勵自己不斷進步，像地藏菩薩的誓願從「超度亡母，出離苦趣」到「地獄不空，誓不成佛」，經過了無量億劫的考驗；彌勒菩薩的發心從「求名求利，遊族姓家」到「降誕娑婆，廣度眾生」，也是多少阿僧祇劫提升的結果。

而我單單一個願心，就花費了一甲子以上的歲月，在人間佛教方面，才漸漸有一點點了然於心；在修道成績方面，才慢慢有一點點差可告慰。可見生命是一場長久的馬拉松賽跑，誰能「發大願心」，堅持到底，誰就能真正地給人好因好緣。

就讓我們發心立願：處處都見觀世音，自己願做觀世音；既做觀世音，喜為他人圓滿所願！

第三章 觀音法門

觀世音菩薩又名「圓通大士」，是因為觀世音菩薩擁有《楞嚴經》所述二十五種圓通法門中的「耳根圓通」。「耳根圓通」者，即是觀世音菩薩陳述他「以聽聞、聽覺感受，就能入道，就能相互交流、彼此相應」。

觀音以慈悲而隨緣度化眾生，觀音法門更是接引眾生步入菩薩道最方便的修行，即使簡單的誦念觀音聖號，只要一心至誠，亦可獲得無上成就。

遠在北周時代，益州招提寺駐錫一位慧恭和尚，他有個同學法號叫慧遠，兩人是在這一所道場學佛時相識，也因此結下不錯的情誼。

後來慧遠和尚前往荊州和揚州遊方，一路參訪各寺院及道友，經過一段漫長時間後，才返回招提寺。

闊別了三十年之久，夜裡，慧遠和慧恭秉燭話舊了起來。慧遠談起沿途所見所聞，說得滔滔不絕，慧恭卻只安靜地坐在一旁聆聽老同學這一番特別的人生歷練。

隨後，慧遠開口提議：「我們不如來誦念一部經。」

慧恭答道：「我平時只誦〈普門品〉。今天特別為你誦念，請至心傾聽。」

於是，慧恭結壇升座，才開聲唱出經題而已，慧遠即嗅到一股清淨的薰香，隨即，又聽見天上的仙樂一陣陣傳來，天花如雨紛紛而墜。

此經誦完，滿心感動的慧遠，立即跪拜在地，虔誠地向慧恭行禮，因為他已經明白，修行不在於去到多遠的他方，而是往內心一門深入，致力而修。

一卷〈普門品〉，即讓慧恭得到無上解脫，足見修持〈普門品〉的功德，是多麼的妙不可思議。〈普門品〉宣說觀世音菩薩普門示現的妙用。

事實上，觀音信仰流傳兩千多年來，與觀世音菩薩相關的觀音修行法門，大致分為顯、密兩種，而一般大眾所熟知的觀音法門有念佛、持咒、讀經及禮拜《大悲懺》，以及觀世音菩薩最重要的妙智妙力之呈現——「耳根圓通」法門。

一般初學佛者，為培養其慈悲心，並串連起和觀世音菩薩相應的習性，最方便也最快速的法門，便是持念觀世音菩薩名號。

念佛，不僅僅是口誦佛號，最重要是心要憶念佛，亦即在誦觀世音菩薩名號時，心要時時憶念觀世音菩薩「苦海渡迷津、尋聲救苦、無剎不現身」的大慈大悲，進而召喚我們自性中的無量悲心。這也是觀音法門中最容易而有效的方法，每一個人都可修行，且隨時隨地都可修行。

念佛之外，進一步可持咒，咒語又名「陀羅尼」，譯成白話叫「真言」或「總持」，即一句咒語包含了一切，也就是總持一切的意義。最常見為〈大悲咒〉、〈六字大明咒〉，民間亦流傳〈白衣大士神咒〉。

〈大悲咒〉是觀世音菩薩為度眾生而宣說之咒語，不僅可得現世安樂、降伏病魔鬼神、解災除厄，亦可往生諸佛國，不墮三惡道。持〈大悲咒〉前，應效法觀世音菩薩發大菩提心，以求早證佛道、廣度眾生。

〈六字大明咒〉，即是流傳盛行的六字真言「唵嘛呢叭彌吽」，為阿彌陀佛讚歎觀世音菩薩之語：皈依蓮華上的摩尼寶珠。持此咒可以消災延壽，驅邪避難，所求皆能如意，得到智慧、解脫與快樂。

在佛經方面，《心經》及〈普門品〉是觀世音菩薩感應最強、也最普及的經典。《心經》一開場的「觀自在菩薩」，即是觀世音菩薩，這部觀音法門中闡述空性智慧的真理，是玄奘大師西行取經遭遇任何困難時必持之經典，果然玄奘也因而度過一切險厄，順利抵達天竺。《心經》告訴我們：隨時隨地用般若智慧，觀照我們的起心動念和每一個念頭的生滅。所謂「心念不空過，能滅諸有苦」。在《法華經》第二十五品〈觀世音菩薩普門品〉，專談觀世音菩薩如何以「觀其音聲，皆得解脫」威神之力救度眾生，以及如何示現應化世間。〈普門品〉文中一再強調「一心稱名」，這「一心」，講的是身語意合一而清淨，斷除妄想，全然專念，滿心慈悲與觀世音菩薩相應。

至於《大悲懺》，是宋代天台宗四明知禮（法智）大師根據《千手千眼觀世音菩薩廣大圓滿無礙大悲心陀羅尼經》為藍本制定而成，是共修的法門之一，許多寺院常定期舉辦「大悲懺法會」。

我們在日常生活中，衣服髒了，可用水來清洗衣服上的汙垢。當我們的心被貪、瞋、痴給汙染時，在佛教裡，便以「禮懺」的方式，來洗滌心靈上的煩惱，讓身口意三業清淨，令智慧現起。

整個儀式精神在於一個「懺」字，從自我的救贖，轉而祈求觀世音菩薩加被。若能以清淨之心恭敬禮懺，則所求遂願外，拜懺者亦能消災得福，藉由大眾共修的力量，來體證觀世音菩薩的悲心願力，調和自己的身心，恭敬禮讓他人，家庭和睦，社會安定，國家安康，乃至祈願全球大眾無有仇恨，平等對待，世界和平。

耳根圓通

清朝憨山德清大師曾於五台龍門隱居過一段時間，在萬山冰雪之中，有老屋數椽，遺世獨立。當春夏之際，融雪流澌衝擊的音聲，劃破周遭靜寂無聲的山林時，有如萬馬奔馳而過，於是憨山便問妙峰：「如何修行觀音耳根圓通法門？」

妙峰回說：「古人三十年聞水聲不轉意根。」因而將得證觀音耳根圓通的方法，傳授給憨山。

憨山有所體會，於是每日在溪畔禪坐，一開始水聲宛然清晰，久而忽然忘卻自身，呈現萬籟俱寂，水聲不再聒耳之境。

一天，他吃粥完開始經行，忽然整個人站立不動，進入禪定，四周光明如大圓鏡，整個山河大地影現其中。待出定覺醒時，身心湛然清明，了不可得。

「耳根圓通」，究竟是什麼意思呢？

觀世音菩薩又名「圓通大士」，是因為觀世音菩薩擁有《楞嚴經》所述二十五種圓通法門中的「耳根圓通」。在《楞嚴經》中，大小二十五聖各自說所證之圓通方便，如何修持而行、證果、涅槃的方法和因緣。「耳根圓通」者，即是觀世音菩薩陳述他「以聽聞、聽覺感受，就能入道，就能相互交流、彼此相應」。

我們看佛經，經文的一開頭，都是「如是我聞」，為什麼叫作「如是我聞」，不叫「如是我看」呢？

為什麼觀世音菩薩「尋聲救苦」，也是以耳朵來聽聞眾生求救的聲音呢？

聽，是耳朵的專長，看，是眼睛的專長，不過眼睛所看，仍不及耳朵所聽的功用。

比方說，遠的地方，我們的眼睛雖看不到，可是聲音如果大一點的話，我們的耳朵就能聽得到；隔著一道牆，我們的眼睛就看不到了，可是出一點聲音，耳朵便能聽得到；法會、活動結束後，我們就看不到了，但是我可以把過程講給你聽：「昨天、前天，我們怎麼樣，做了什麼事……」你就能聽到沒有參與的事而意會過來；文字匆匆一瞥，沒看得很清楚，事後就會忘記了，但是聽聞，可以增加人的記憶，讓人忘不了對方是怎麼說的；甚至眼睛只能朝正面看，而耳朵則不論前後左右，都能聽得到來自四面八方的聲音。

所以，聽覺比視覺更具特殊功能，更靈敏的感受。那麼，觀世音菩薩修行已修到耳根圓通的境界，所以無論在哪個地方，只要有聲音發出，他都能聽到。這也是〈普門品〉經文一開始，佛陀便說：「若有無量百千萬億眾生受諸苦惱，聞是觀世音菩薩，一心稱名，觀世音菩薩即時觀其音聲，皆得解脫。」的「觀世音」之名由來。

故〈普門品〉中的偈頌又言：「妙音觀世音，梵音海潮音，勝彼世間音。」

觀世音菩薩耳根既已圓通，其所聽聞的一切音聲，皆是妙音，皆是清淨殊勝、滌洗煩惱的梵音，它們像海潮的聲音一般廣大遼遠，不可思議。但這個梵音並非世間的音聲一般，能讓我們聽到的，而是一種「無」聲之聲——無相、無我、無為、無住、無得的般若之音。

《楞嚴經》中說：「空生大覺中，如海一漚發。」漚，就是泡沫，無量無邊體證空性的大覺悟，如同大海無邊無際，一個泡沫，就只是彈指的幻化而已，當我們反聞聞得自性，我們累生累世的真心，忽然映現在前！

因為觀世音菩薩發下「上求佛道、下化眾生」的大菩提心，而感得觀音古佛的慈悲，教授耳根圓通法門，成就今天的「觀世音菩薩」。我們學習觀音法門，也要傳承其志，讓自己成為觀世音菩薩，處處利益有情眾生，「於苦惱死厄，能為作依怙」。

「妙音觀世音，梵音海潮音。」觀世音菩薩聞聲救苦，也如同潮汐準時而有信，信者得度，自度度人。

菩薩之相

觀世音菩薩證得「耳根圓通」的觀音法門，在〈普門品〉中也談到觀世音菩薩能在同一時間，聽聞三千大千世界一切有情眾生求救的聲音，亦能在同一時間以千百億化身普遍施救。

很多人雖已明白「觀世音菩薩具千手千眼，有千百億化身」，但對於原為「善男子」形象的觀世音菩薩聖像，為何至今幾乎都是現婦女身像而感到十分疑惑。

經常有人問：「究竟觀世音菩薩是男眾，還是女眾？」

《北齊書．徐之才傳》有一段記載：

有一天，北齊武成帝臥病在床，躺了很久都無藥可治，後來他做了一個夢，夢境裡，在天空中現出一片五彩祥雲，翩然而至，到近前時，這朵祥雲變成一個巨大而亭亭玉立的美麗婦女，臉上掛著慈藹的笑容，十分可親的模樣，接著又變為觀世音菩薩，為他灑甘露水治病。

後來這則傳說，流傳到民間及後世，隨著歷史的演變，而慢慢將觀世音菩薩轉為女性的相貌，而女性溫柔、慈悲、美麗、善良的特質，亦切合觀世音菩薩大慈大悲的形象。

在宋末元初《觀世音菩薩略傳》中，提到：

從前，西域的興林國，有一位妙莊王，生了三個女兒，長女名為妙因，次女叫妙緣，小女兒則叫妙善；到了女兒適婚的年齡，妙莊王分別為妙因和妙緣覓得良婿，但是妙善卻執意出家，不肯聽從父親的安排。妙莊王一氣之下，就把妙善趕出王宮。

歲月匆匆，年老的妙莊王得了重病，不久人世。這時已經得道的妙善，化為一名老僧來探視父親，並說：「你這病，除非是至親的手眼，否則無法醫治。」

妙莊王便向大女兒和二女兒求救，但兩個女兒卻不肯獻出手眼。老僧又說：「香山的仙長，一向慈悲濟世，可以求他來救。」

這位香山仙長正是妙善，當他以仙長身分來到王宮見父親時，立即斷手挖眼，給了妙莊王。妙莊王一看到仙長為自己如此犧牲，感動萬分，淚流不已地祈求上天，希望上天能令仙長再生出手和眼。

此願才說完，仙長立刻生起一千隻手和一千隻眼，即為千手千眼觀世音菩薩，並示現妙善的本來面貌，妙莊王大為驚喜，為自己當初的舉動而懊悔不已，除了皈依佛道外，也命令全國上下都皈入佛門。

妙善公主救父的故事，也是眾所周知觀世音菩薩以女性形象而顯化的故事。

不過，我要告訴大家——觀世音菩薩既是菩薩，何必一定要說他是男人，或是女人；就視他為菩薩，就好了！

菩薩無相，不必有男相，也不必有女相。菩薩沒有分別相，只是凡夫有分別相，所以分別這個、分別那個，分別大人、小孩，分別男眾、女眾，分別老年、青年。我認為觀世音菩薩就是菩薩，菩薩無相，而又無所不相。有人說觀世音菩薩現老太太、老公公身，現將軍、帝王、士子、美女身，確實這在觀世音菩薩的應化事蹟裡都出現過，因此，就不必再為菩薩分別男女相了，隨順自然就好。

虔誠皈投，而得解脫

有人說：身處末法之世，實在是混亂到極點，群魔亂舞，邪說風行，人心沒有皈依，精神沒有寄託，苦海茫茫，人生的歸宿在哪裡？天災人禍，如何才能解脫？

這正是蘊藏在每個人心中的大哉問。

有什麼辦法解決這個問題呢？

信仰觀世音菩薩。

把自己的一切皈投依靠給觀世音菩薩，明白觀世音菩薩是大慈悲、大智慧、大勇猛的示現，即使我們有什麼痛苦、災難、煩惱當前，只要我們一心不二，虔誠的信仰、稱念、禮拜，我們若有觀世音菩薩的慈悲、智慧、勇猛，觀世音菩薩一定能解救我們。一心皈投觀世音菩薩，必能獲得解脫。

中國佛教四大名山，每年朝山的香客如雲湧至，尤其是南海普陀山觀世音菩薩的道場，更是香火鼎盛。

這一年，有位善士帶著他七歲的兒子，來到普陀山朝拜。他帶著一對幾百斤重的蠟燭，請人抬上山，準備獻給觀世音菩薩。

普陀山的佛殿裡，每日燒香、點燭、供花的信眾，多如過江之鯽。這位善士帶來的大蠟燭，香燈師父替他點了一會兒，不久就把它吹熄，因為其他人也等著燭台使用。

這位善士看到香燈師父把他的大蠟燭吹滅，換上別人的小蠟燭，很生氣地說：「喂，我這幾百斤的大蠟燭，可是上等材料做成的，能夠點上幾天幾夜，為什麼要換上那些又小又醜的蠟燭呢？」

他心中怏怏不樂，也無心觀賞普陀山的海天佛國勝境，帶著孩子便啟程回家。

在返家的途中，兒子忽然生了一場急病，沒幾天就離開人世，他強忍著悲慟，帶著孩子的靈柩回家，對於這趟朝聖的旅行，感到十分得不償失、怨憤不已。

當垂頭喪氣邁入家門時，忽然聽到一陣清脆的孩童聲響，喊著：「爸爸！您回來了。」

他驚恐莫名，心想：「孩子明明死去了，怎麼可能復活重生，難道是妖怪現形嗎？」

孩子看到父親奇怪的表情，說：「爸爸，我們在廟裡拜拜，人好多好多，一下子我就找不到您了，還好有一位慈祥的老婆婆帶我回家。」

他為了解開這個疑團，就把那具棺材打開來看，只見棺材裡竟躺著那一對幾百斤的大蠟燭，燭身上面還寫著「來意不誠，退回原處」八個字。

這時，善士才知道原來是觀世音菩薩慈悲地度化他的愚痴無明，不禁心生慚愧，感恩的淚水頓時沾滿他的衣襟。

「一心稱念，即得解脫」之一

佛經裡記載，觀世音菩薩是過去的「正法明如來」，早就已經成佛，法身遍滿三千大千世界，只是為了救度眾生而倒駕慈航，成為現在的觀世音菩薩，或做阿彌陀佛的「補處菩薩」。菩薩和佛，談不上誰大誰小，只是應眾生根機，視眾生需要，隨緣示現。

觀世音菩薩在任何時間、空間上，永遠大開慈悲之門，「千處祈求千處應」，只要苦難眾生，一心稱念他的名號，觀世音菩薩觀其音聲，即刻就會前往救度；若眾生心有所求，觀世音菩薩也會令其得到滿足。甚至觀世音菩薩以三十三應化身，遊諸國土，以慈悲方便度脫眾生。

如此一來，觀音信仰也就更加地讓人信受奉行了。所以說，觀世音菩薩和娑婆世界的緣分很深，幾乎所有人等聽到「觀世音菩薩」名號，都會覺得很親切，很自然地就稱念起他的名號，祈求他能夠幫助自己。

「一心稱念，即得解脫」之二

東晉時期，中國淨土宗開始盛行，作為西方極樂世界阿彌陀佛補處菩薩的觀世音菩薩，也開始廣受敬拜。

觀世音菩薩與阿彌陀佛的關係既然是二而為一，一而為二。那麼，可以在阿彌陀佛面前稱念「觀世音菩薩」名號嗎？

當然是可以。

觀世音菩薩「應以何身得度者，即現何身而為說法」的方便示現，更何況佛佛道同，光光無礙。佛菩薩與人不一樣，人和人之間會產生「你對他好而對我不好」之類的分別心。猶如燈光，這一道光與那一道光互不妨礙，這一盞燈光亮了，它不會嫌另一盞燈光也亮了，總之，你亮你的，我亮我的，光光無礙。佛與佛之間也是如此，你做你的，我做我的，不會互相障礙，只會互相照會，更加光亮。

再者，〈普門品〉中觀世音菩薩是三十三應化身，應以國王身得度的人，他就示現國王身來為你說法；應以將軍身得度的人，他就現將軍身來為你說法；應以婦女身得度的人，他就現婦女身來為你說法；應以佛身得度的人，觀世音菩薩就現佛身來為你說法。

由此看來，阿彌陀佛、釋迦牟尼佛又何嘗不是觀世音菩薩的示現說法？所以，在阿彌陀佛、釋迦牟尼佛面前禮拜觀世音菩薩，意義也是一樣的，千萬不要掛礙。只要一心稱念，即得解脫——想往生西方極樂世界，即可往生西方極樂世界；或者想乘願再來人間度化眾生，亦可再來人間，度化眾生。

「一心稱念，即得解脫」之三

有關觀音法門的修行，如稱念觀音名號、持誦〈普門品〉經典或〈大悲咒〉，或者禮拜《大悲懺》等，究竟哪一樣比較好呢？

對於觀音法門的修持，不要有分別心，若沒有足夠時間，念誦一卷《心經》也可以，經文開頭的「觀自在菩薩」，不正是觀世音菩薩嗎？或者誦念〈大悲咒〉，〈大悲咒〉中盡是觀世音菩薩的各種名號；或者誦念〈普門品〉，內容宣說的都是觀世音菩薩的功德；或者禮拜《大悲懺》，述說觀世音菩薩願力廣大、神通無窮、法力無邊，到處救度苦難眾生。

故一心稱念，即得解脫——不管你修持哪一個法門，只要虔誠、只要合法，都有無上功德，不須妄自分別。

「一心稱念，即得解脫」之四

修道最重要的就是要有堅定的信仰和道心。當遇到一些不如意的事情，因而信心產生動搖時，在觀音法門中，有什麼方法可以幫助？

人的性格總是落入「以物喜，以己憂」的情緒化之中，一旦歡喜、高興了，就覺得信心增長；一旦煩惱來了，就覺得菩薩沒有保佑，信心又退失了。

信心要如何保住呢？

持念觀世音菩薩名號，持久了，習慣了，不自覺地心裡就有了觀世音菩薩，那麼無論你在哪裡，也不論你看到了什麼、做了什麼，或者煩惱來了，「觀世音菩薩」聖號就會脫口而出，那麼觀世音菩薩也就會助長你的五根：信根、精進根、念根、定根、慧根，增強你的五力：信力、精進力、念力、定力和慧力。

「一心稱念，即得解脫」之五

稱念觀世音菩薩名號，能減少貪、瞋、愚痴嗎？

三毒是荼毒殘害眾生身心的大煩惱。在〈普門品〉中，明白提到：「若有眾生多於淫欲，常念恭敬觀世音菩薩，便得離欲。若多瞋恚，常念恭敬觀世音菩薩，便得離瞋。若多愚痴，常念恭敬觀世音菩薩，便得離痴。」

所以，一心稱念，即得解脫——可以減少、去除心中的貪、瞋、痴。

這是什麼道理呢？

當一個人貪得無厭，這個也要、那個也要，功名也要、富貴也要，錢財、物質什麼都要的時候，假如他能稱念觀世音菩薩名號，想到觀世音菩薩大慈大悲、救苦救難的精神，進一步就會自動反省：「自己為什麼要貪多呢？」那麼，身心自然就會產生變化，不再一味貪求了。

當一個人瞋恨心重，經常要罵人、打人、怪人、冤枉人、欺負人時，若能稱念觀世音菩薩名號，想到觀世音菩薩是那麼地有智慧，那麼地體貼人，到處幫助人，而我為什麼老是欺負人、討厭人呢？在性格上，他也會受觀世音菩薩的感化而改變。

一個人愚痴，也就是不明理、邪見、胡思亂想、顛倒妄想、沒有智慧，若能稱念觀世音菩薩名號，進而想到觀世音菩薩是個大慈悲、大智慧者，我應該學習菩薩的慈悲、智慧，也就能去除迷惑，遠離愚痴了。

所以，稱念觀世音菩薩名號的妙用，就如同戒、定、慧三學，能止息心中的貪、瞋、痴三毒，也就是所謂「勤修戒定慧，息滅貪瞋痴」。

從外境而生起的「火難、水難、風難、刀難、鬼難、囚難、賊難」七難，是小難，從內心而生起的「貪、瞋、痴」三毒則是大難。將貪欲轉為慈悲，瞋恚轉為勇猛，愚痴轉為智慧，以慈悲、勇猛、智慧而饒益一切眾生，也就是觀世音菩薩的大威神力了。

「一心稱念，即得解脫」之六

〈普門品〉中言：「若有持是觀世音菩薩名者，設入大火，火不能燒，由是菩薩威神力故。若為大水所漂，稱其名號，即得淺處。」可以這樣試驗嗎？

但若真要如此試驗，那就是不了解經文的真正意義了。

有些事情不能完全從事相上來看，要從理上去解釋。如經文中所指的「大火」，從理上來說，是指「心中的瞋火」。比方我心頭起了無明火，起了瞋恨心，動念要殺死某人、要打某人、要找某人算帳，這時，如果我能稱念觀世音菩薩名號，或者向觀世音菩薩禮拜，或者燒一支香供養觀世音菩薩，就不會有「我要殺了他」、「我要打死他」的念頭了，你就會為了這支香、為了這一拜，而息下心中的怒火。因為你會想：「觀世音菩薩大慈大悲，我既然禮拜他，怎麼能去打死人呢？」那麼，心中的無明火自然就息滅了，就不會再延燒了。

又如經文所說：「若為大水所漂，稱其名號，即得淺處。」「大水」也可從精神上解釋為「愛欲之水」。古往今來，許許多多的人因為貪愛而把身家毀滅，為渴愛河，漂溺生死大海！如果當初他知道一心稱念觀音的功德，能將貪愛的心轉而為觀世音菩薩「但願眾生得離苦，不為自己求安樂」的悲心，也就可以從愛欲的漩渦滅頂裡解脫了。〈普門品〉裡的「三毒七難」，貪、瞋、痴「三毒」和火難、水難、風難、刀難、鬼難、囚難、賊難等「七難」，以及「二求願」：求男得男、求女得女的願望——統統可以從理上解釋。

求人不如求己

我們要如何將觀音法門的修持，運用在自己的日常生活呢？

首先要有一個觀念，那就是「求人不如求己」。

佛印了元禪師與大文豪蘇東坡兩人，既是詩文同好，亦為禪佛同道，兩人經常相偕出遊，一同吟詩作偈，交換人生心情。

一次，兩人又一起到郊外散步，途中見到一座馬頭觀音石像，昂揚而立，佛印一見，立即合掌禮拜觀音。

蘇東坡看到這座馬頭觀音，卻不解地問說：「觀世音菩薩本來是我們要禮拜的對象，可是為什麼他的手上和我們一樣，掛著一串念珠而合掌念佛，到底觀世音菩薩在念誰呢？」

佛印禪師回答：「念觀音。」

蘇東坡不假思索應道：「為什麼觀世音菩薩手持念珠念觀音呢？」

佛印禪師說：「求人不如求己。」

學佛，其實就是學自己，完成自己。正因為佛由人成。

禪者有絕對的自尊，大都有「放眼天下、捨我其誰」的氣概，所謂「自修自悟」、「自食其力」，正是禪者的風範。

我們不知道自己擁有無盡的寶藏，不求諸己，但求諸人，希求別人的關愛、別人的提攜，稍有不能滿足所求，即灰心失望。

一個沒有力量的人，怎能擔負責任？

一個經常流淚的人，怎麼能把歡喜給人？

儒家說：「不患無位，患所以立。」只要自己條件具備，自然不求而有。觀世音菩薩手拿念珠，稱念自己的名號，正說明此意。

對於自己的未來，我們總希望有人指點，甚至於修行要覺悟，也希望有人幫忙。其實，世間上的事情，靠自己才是究竟之道。經常觀照自己的起心動念，淨化自己的三毒煩惱，精進於道業的修持，才會有更深入的體會

自己做觀音

世界上最美麗的人是觀世音，最慈悲的人也是觀世音。

我從小禮拜觀世音菩薩，對觀世音菩薩的慈悲感受甚深，而世界也無處不有觀世音菩薩。在日常生活中，修持或實踐觀音法門，最重要的是，要讓自己的性格像觀世音菩薩一樣慈悲。

因此，修學觀音法門者，或者早晚瞻仰觀世音菩薩，或者禮拜觀世音菩薩，或者為觀世音菩薩燒

一炷香，獻一朵花，乃至讀誦〈普門品〉，誦念《法華經》，持誦〈大悲咒〉，甚至坐在汽車、捷運裡閒著沒事，也可以默念一卷《心經》，或者稱念「觀世音菩薩」聖號幾百聲。朝念觀世音，暮念觀世音，念念不離心，自然有感應。

學觀音、拜觀音，自己就要做觀世音。

如何學觀音？拜觀音？做觀音？

一、要能做觀音，觀看、觀聽社會上有什麼聲音？山河大地有什麼聲音？自己內心裡有什麼聲音？吵架聲？怨恨聲？不好的聲音？如何去改變這種聲音？能與觀世音菩薩一樣尋聲救苦嗎？在我們日常生活中，要盡力去協助一些需要救助的人們，為其解決困難，分擔其憂苦，就是觀世音菩薩。進而自淨其意，將心清淨以後，那麼眼中所見的每一個人，也就都是觀世音菩薩了。

二、要能做觀自在，觀世音又名觀自在，試想自己是否觀照一切事情都能自在嗎？有的人雖有錢，但卻活得不自在；有的人看到喜歡的人不自在，看到不喜歡的人也不自在；人多的地方不自在，對不滿的事情、不悅的物、不喜的聲音種種都不自在。因此，我們要學觀世音菩薩的自在，且從內心自在做起，看世間、看眾生、看一切事物都能自在，自己就是觀自在了，當然處處就能自在。學佛要學自己，學得很自在，而學會無處無時不自在。

三、要能夠施無畏，「施無畏」也是觀世音菩薩的另一種稱號，觀世音菩薩以他的大慈悲、大智慧、大勇猛而救苦救難，並施予眾生無畏，遇事不要恐懼，所以，我們要效法觀世音菩薩的施無畏，發願做眾生的保護傘，消除眾生的恐慌，做眾生渡過迷津苦海的舟航。

願每一個人，都能自己做觀音，能大自在，並且大無畏。

自己就是觀自在

觀自在，既是觀世音菩薩的另一個名號，但事實上，觀自在也不一定是觀世音菩薩，而是我們每個人，我們自己就是觀自在。

任何時刻，你都能觀察到自己的起心動念，觀察到自己是否自在嗎？當你觀察到自在，就能像觀世音菩薩；當你觀察到不自在，雖說每個人都能做觀世音，但總是不自在。

如何才能做個名副其實的「觀自在」呢？

一、**觀事自在**：好事、壞事，都能自在；大事、小事，都能自在；難事、易事，都能自在。所謂家事、國事、天下事，尤其是人事，無理的、冤屈的，難堪的，當遭遇到這些事情時，你都能自在嗎？假如你面對任何事情，都能舉重若輕，迎刃而解，不逃避現實，凡事都能勇敢面對，處理時更能得心應手，那你就會自在了。

二、**觀人自在**：好人、壞人，君子、小人，能人、愚人，善人、惡人，和一切人相遇，甚至相處的時候，你能自在嗎？所謂自在，並不是要你天天跟壞人打交道，和惡人混在一起；重要的是你能認識善惡，知道好壞。所謂「人心不同，各如其面」，人性不同，千奇百怪，你在芸芸眾生中，都能與人為善，不受傷害，不就可以自在了嗎？

三、**觀處自在**：我們住的地方有大小，華屋、斗室、大廈、陋巷。另外，有的地方是正人君子聚會之所，有一些是雞鳴狗盜之輩雜處之地。你處身其中，都能自在嗎？「孟母三遷」，正因為他擔心兒子生活在人品低劣的地方，耳濡目染而變得墮落了，因此而覺得不自在。平時我們看別人住觀光飯店、湖濱小舍，你羨慕人家可以悠遊自在，但是當你住上一兩個月，你還能自在嗎？佛殿、神廟、教堂，你身處其中，都能自在嗎？飯館、麵攤、快餐店，你都能以同樣的心情用餐嗎？假如你處處都能隨遇而安，不計何處，都能不露厭惡之情，雖然你可以有另外的選擇，但是一時的處境，你都能忍耐不計較，你就能自在了。

四、**觀聲自在**：這是個充滿各種音聲的世界，大自然裡有蟲鳴鳥叫，社會上到處人聲鼎沸、惡聲罵街、高人論道……你遇到這許多境界，聽到這許多聲音，都能自在嗎？隔壁鄰居是機械工廠，對面住戶不時傳來收音機、唱卡拉ＯＫ的高分貝，甚至有人在身邊竊竊私語，你都能處之泰然嗎？如果能夠在喜怒哀樂、悲歡離合、談笑謾罵，乃至一些詆毀諷刺、奉承讚美的聲音中，都能不失自在的心情，那你不就是觀自在了嗎？

五、觀理自在：世間上的道理，所謂天理、地理、人理、物理、事理、心理，每一個人都執著於自我之理，所以，俗話說：「公說公有理，婆說婆有理。」甚至有一些人，明明無理，卻要強辯其理；而有錢有勢的人，都認為自己最為有理。不管有理無理，你都能心平氣和嗎？有理不在於大聲說話，道理也不在他人口中，道理是在自己的心中。如果你處在紛亂吵雜的說理當中，一樣能安然自在，你就最有理了。

六、觀心自在：我們每一個人都有一顆心，心最喜歡多管閒事了。你榮華富貴，我心生羨慕，但又不能擁有，就感到不很自在；你聰明伶俐，總是受人讚美，而我不能，所以心生嫉妒，也非常不自在。我們的心每天跟隨世間不斷地翻滾、起心動念；我們在得失、有無、是非、貧富之中，時而懊喪，時而快意，都非常地不自在。不能中獎，固然內心不自在；就是中了頭獎，你能自在嗎？所以，光是一個「觀自在」，就夠我們一生學習的了。

人間佛教的觀音修持法

綜合上述觀音法門，除了平時稱念觀世音菩薩名號，禮誦〈大悲咒〉、〈普門品〉、《心經》等等之外，針對人間佛教的觀音修持法，我作一些補充：

一、**學習做觀世音**：在眼的方面，要慈眼視眾生，也就是說要做觀世音菩薩，就要將眼根修好。看到不喜的、不悅的人或事，不要去瞪眼或翻白眼，要以慈眼去面對，有了慈眼就可以做觀世音菩薩。

在耳的方面，除了慈眼之外，還要耳根圓通，「聞」是對世間聲音的接收，接收後要善聽，不論是惡聲、大聲、怪聲、吵聲、罵聲，都要像觀世音菩薩化一切音聲為梵音清淨音，尤其要將別人對我們的惡言惡語，聽成是善意的讚美，如此便修成觀世音菩薩「善聽」的法門。

在口的方面，會講話的人，都是講一些讓人聽了歡喜的話，所以我們要學觀世音菩薩多說柔軟語、慈悲語、歡喜話、有佛法的話。

二、**家中要有活觀音**：每一位女主人都是家庭中的觀世音菩薩，其威儀姿態不僅美麗莊嚴，且具有柔性言教。世間上也有很多美麗的女人被稱為「妖精」，可見光是美麗但不能給人歡喜，也是沒有用的。美，是一種內在的德行，一種給人歡喜的感受。女性在家庭中，要學觀世音菩薩千處祈求千處應，要做菩薩的化身，將慈悲歡喜帶給每一個人。

三、**社會上觀世音的形象**：〈普門品〉中說「應以何身得度者，即現何身而為說法」，在社會上工作，面對各種不同階層的人士，要懂得隨機說法。也就是說在人際之間要做個觀世音菩薩，上班族必須具備與同事融合、攝受的性格，平常多讚美人，人際關係自然就會和合，進而團結一致，凝聚力量，隨機應變，為社會求取更多的和諧與進步。

四、**觀音法門的管理法**：每個人若要管理好自己、家庭和事業，則須具備觀世音菩薩的悲智雙運，才能做好管理的工作。有些人本身是好人，但不懂得做好事，雖具慈悲但不如法，則成了濫慈悲；有些人有智慧理性，但太執著於公平，則不合情理。觀世音菩薩是大慈悲、大智慧的化身，慈悲中具有智慧，智慧中具有慈悲，所以我們管理自己、管理家庭、管理事業，要學觀世音菩薩不僅慈悲，還要有智慧。慈悲加上智慧，才能有妙力無窮。

如何做個日日觀音

每年的農曆二月十九日是觀世音菩薩聖誕日，六月十九日是觀世音菩薩成道日，九月十九是觀世音菩薩出家紀念日，在這三天，無數的信眾都會來山禮拜觀世音菩薩。

觀音法門最重要的精髓，除了禮拜、稱念觀世音菩薩之外，便是要能與菩薩交流。

如果你了解觀世音菩薩的性格，深入他的大慈大悲、大自在身，以及喜捨助人的特質，那麼就不會只在農曆二月十九日、六月十九日、九月十九日才來禮拜觀音菩薩，而是每天都會禮拜觀音，做個「日日觀音」。

觀音也和人一樣有歡喜、微笑、傷心，但他不是為了自己而歡喜、微笑、傷心，而是為了眾生而歡喜、微笑、傷心。我就以下面這首詩偈勉勵大家，如何做個日日觀音——

悲傷的時候有歡笑的表情，歡笑的時候有悲傷的掛念。
忙碌的時候有輕鬆的感受，輕鬆的時候有忙碌的進取。
貧窮的時候有富貴的自尊，富貴的時候有貧窮的謙虛。
急躁的時候有緩慢的修養，緩慢的時候有急躁的精神。
憂苦的時候有快樂的觀念，快樂的時候有憂苦的心情。
發怒的時候有慈悲的心腸，慈悲的時候有發怒的認真。

得意的時候有失落的想法，失落的時候有得意的喜悅。

擁有的時候有喜捨的個性，喜捨的時候有擁有的感受。

前述佛印禪師和蘇東坡看見馬頭觀音的典故，不禁想起在《佛說大乘莊嚴寶王經》中，釋迦牟尼佛對除蓋障菩薩說，自己有一世曾是行商的大商主，受困於師子國，觀世音菩薩於彼時是為聖馬王——一匹「能救度一切有情」的馬，載他離災脫厄。

觀世音菩薩，普門示現，普門大開，好因好緣都在我們的眼前當下。

做了「日日觀音」，我們生生世世都能做觀音。

第四章 觀音管理

有人問我：「佛光山這麼多的信徒，你是怎麼管理的？」談到管理法，佛教自有一套不同於世俗社會的管理法，像戒律有戒律的管理法，叢林有叢林的管理法。其中觀世音菩薩慈悲圓融的管理法，是最值得參考的管理法。

現在最時髦的學科，就是「管理學」。當今每一個行業都在積極尋找各自領域裡的管理專家，如學校管理、工廠管理、醫院管理、財務管理、圖書管理、資訊管理、人事管理等等。可以說，世間無一不要管理，世間諸多管理，列舉六事：

一、**關於財務的管理**：財務管理不是只有收支登載而已，必須有成本概念，還要懂得投資，甚至轉投資之道，尤其要開源節流、量入為出。懂得管理財富，也要運用財富；財富如水，有其性格，從哪裡流來，要從哪裡流去，所謂「十方來、十方去」，即是這個道理。

二、**關於人事的管理**：財務沒有聲音，不會抗拒；相對地，人事就較難管理了。因為人有思想，有利害，有要與不要，有各自的立場。人事管理雖然不易，但只要公平、公正、公開，只要能對人尊重，於人有利，讓人保有尊嚴，其實也不難管理。

三、**關於身體的管理**：每天一早，起床漱洗更衣，就是一天身體管理的開始，乃至寒暖飽飢也需要安排妥當，忙閒動靜也要有一定節制，身體能為我們服務多少、支出多少，主人翁自己也得計算清楚，現代自然醫學尤其重視身體的自我管理，吸收、支出都能平衡，身心無掛礙，寒暖動靜適宜，就是最好的管理。

四、**關於心理的管理**：人最不能控制的就是自己的心，貪瞋愚痴，疑忌妒恨，雖然佛法裡有很多方法可以對治，如五戒十善、五停心觀、六妙法門等，但事實上能把心管好的高手，在世間並不多見。

五、**關於情緒的管理**：ＥＱ（情緒）管理是近年熱門的管理學，所謂情緒管理就是在不該怒時不要發怒，不該氣時不要生氣，情緒會影響別人，管理好自己的情緒，不但替別人留有餘地，也替自己留有迴旋轉身的空間。冷靜、中道、忍耐、放下、看開，都是很好的情緒管理。

六、**關於因果的管理**：因果雖然難以管理，但我們可以掌握，「如是因」必有「如是果」，你想要有怎麼樣的結果，就要種什麼樣的因；你種了什麼因，也必定會有什麼樣的後果。如〈因果十來偈〉

說：「端正者忍辱中來，貧窮者慳貪中來；高位者禮拜中來，下賤者驕慢中來。」不種惡因，自然不受惡果，這就是最高明的因果管理。

管理學最重要就是管好自己，一切自然能循序漸進。然而，現今世風日下，人心不古，每日翻開報紙，無不有弒親劫財的事件，在此世情澆薄、物欲橫流的社會，實在要有觀世音菩薩的精神，才能挽救愈來愈糜爛、愈來愈墮落的沉淪世間。

自古以來，中國社會，除了大城市有類似現今社會維持治安的警察人員外，其餘的鄉村農鎮，幾百里內可能都沒有一個官兵在守護地方的秩序和安寧，都是依靠幾個寺院庵堂、幾尊佛菩薩的聖像和幾句善惡因果的佛理，來維持正義。

人與人之間，再有什麼不平，倘若訴訟的事情發生，若是心存善解、慈悲，線香一把，佛菩薩像前一跪，也就可以化解得煙消雲散了。所以說，單靠政治、法律和軍警，不足以維持社會的倫理、道德和安寧，假使每一個人都有宗教的信仰，都明白因果的報應，都把自己皈依在諸佛菩薩的座前，相信「善有善報，惡有惡報」的真理，會是安定社會的最大要素。

惡人與聖者，往往存乎一心，就像日本有一位鬼平兵衛，原本是一個作惡多端的地方惡霸，後來因受兒子善心感動，明白善惡因果，終於一改過去，虔心行善，成為了「佛平兵衛」。人究竟是魔鬼呢？還是佛祖呢？就看自己是學魔，還是學佛？

觀世音菩薩無非是最好的管理專家，因此，管理的開始，要從皈依信仰觀世音菩薩，明白善惡因果開始，乃至學做觀世音菩薩，才能創造真正富而好禮、安和樂利的群體社會。

工作的責任

談「觀音管理」之前，先談一段有關於「工作責任」的小故事。

一九九三年七月中旬，我到俄羅斯莫斯科成立佛光會，正好逢遇該國通貨膨脹危機，物價飛漲得令人難以置信。以大學教授而言，每個月薪資十一塊美元，一大早趕去排隊買麵包，排上三、四個小時，只能買到剛好配給的分量。

當年之行很感謝莫斯科的佛光會會長，為我安排了一位畢業於北京大學、中國話十分流利的保爾教授擔任隨行的導遊。保爾教授非常盡忠職守，總是寸步不離地緊跟在我身邊。

有一次，我於某處脫離既定行程，急著趕回飯店赴一場重要的約會。在五個小時的車程中，我們彼此交談得十分愉快。

即將到達飯店時，我想到他連日來，一直隨著我辛苦奔波，心中十分過意不去，於是說道：「回飯店後，我沒什麼特別的事了，你就早一點回家休息吧！」

但保爾卻堅持說：「不行！照顧您是我的責任，只須讓我離開一小時，回家看看中風癱瘓在床的父親即可。」

念及一位孝子在物質貧乏的國度裡，還需要照顧重病的老父親，實在令人感到心酸，且又感動無比！我立刻從身上掏出六百美元給他，保爾久久說不出話來，可以看出他那交織著激動而高興的心情。

這是我莫斯科之行中，感覺最愉快的一天。

因為保爾讓我看見，就算薪資再如何微薄不足，生活再如何困頓不堪，工作再如何艱難辛苦，都要完成被託付的「責任」。

在任何的管理學中，最重要的前提，就是「責任」二字。

不管是職場、家庭，乃至一國之邦，所有主其事者，乃至置身其中的每一位成員，都要有責任感。觀世音菩薩若無責任感，那麼他且自在快意做佛去了，又何必自找麻煩，處處尋聲救苦。而一個人來此人世，要對得起自己和此生的意義，也是要肩負起「責任」。

人生最大的悲哀，是自己對前途不抱希望；人生最壞的習慣，是自己對工作沒有責任。

觀世音的管理法

有人問我：「佛光山這麼多的信徒，你是怎麼管理的？」

我並沒有什麼高深的管理法則；管理人，我倡導法治、人治、無為而治，因為最好的管理，莫過於自己內心的管理。

談到管理法，佛教自有一套不同於世俗社會的管理法，像戒律有戒律的管理法，叢林有叢林的管理法。佛教自釋迦牟尼佛那時流傳到現代，也有現代的管理法，甚至過去的諸佛菩薩、歷代的祖師大德，也建立各種符合當時代所需的管理法。其中觀世音菩薩慈悲圓融的管理法，是最值得參考的管理法。

和合無諍，以讚美代替批評，以正面代替負面，凡事往好處去想，歡喜助人，以平等心、柔軟心善待每一個人，就是觀世音菩薩圓融無礙的管理法。

一九六一年，我在雲林虎尾念佛會主持佛七時，益妙尼師神色憂戚地前來對我說：「恐怕下一次不能再見到你了，因為我染患大腸癌，醫生說我只有兩個月的生命……」

當時我還很年輕，雖然心裡相當難過，但是不知道如何安慰他，只有說道：「出家人應該將生死看淡，你要多做些歡喜助人的事，做一天和尚敲一天鐘，其他的事就不要想得太多。」

沒想到他聽了我的話之後，收起悲哀的情緒，在雲林廣播電台開闢《佛教之聲》節目，想以餘生度眾利生。而為了籌措每個月的製作經費，還到處奔波勸募，後來，當我再度和他見面時，他的臉上泛滿紅潤的色彩。

二十年過去了，《佛教之聲》不斷地給予聽眾莫大的信心與力量，煮妙尼師的生命也繼續發揮著光與熱。

有許多人問我：「為什麼佛光山有這麼多的佛教事業，都是以『普門』為名？」

這句話將我的思緒帶回六十多年前：

一九四九年，我初來台灣時，曾經度過一段三餐不繼、顛沛流離的日子。記得在台北南昌路某寺，曾被一位長老責問：「你有什麼資格跑來台灣？」

到了中正路某寺掛單，也遭拒絕。因夜幕低垂，我只有緊緊裹著被雨水淋濕的衣服，在大鐘下躲雨露宿。第二天中午時分，在善導寺齋堂裡，看見一張八人座的圓形飯桌，圍坐了十五、六個人，我只有知趣地默然離去。

在走投無路下，想到或許可以去基隆某寺找我過去的同學，當我拖著疲憊冰冷的身軀，冒著寒風細雨，走了半天的路程，好不容易到達山門時，已是下午一點多鐘。寺裡的同學聽說我粒米未進，已達一天之久，趕緊請我去廚房吃飯，可是就在這時，旁邊的另外一個同道說話了：「某法師交代，我們自身難保，還是請他另外設法好了！」當我正想離開之際，同學叫我等一等，他自己拿錢出來買了兩斤米，煮了一鍋稀飯給我吃，記得當時捧著飯碗的雙手，已經餓得不停顫抖。向同學道謝後，在淒風苦雨中，我又踏上另一段不知所止的路程。

由於這段刻骨銘心的經驗，我當時立下誓願：「日後我一定要普門大開，廣接來者。」二十年以後，我實現了願望，先後在台北成立「普門精舍」、「普門寺」，教導所有的徒眾都必須善待信徒香客，讓大家滿載歡喜而歸。直到現在，佛光山的各個別分院仍然保持一項不成文的規定：每一餐多設兩桌流水席，方便來者用齋，對於前來掛單的出家人，則一律供養五百元車資。

此外，我又在佛光山開辦中學、幼稚園，乃至佛教雜誌，都是以「普門」為名，凡此都是取其「普門示現」的意義，希望徒眾都能效法「普門大士」——觀音的精神，接引廣大的眾生。

以前擔任住持時，每年大年初一，我都約略算出今年春節大概會有多少人上山；在某些寺院待上一兩天，我也能知道該寺油香的多寡，徒眾輒感驚訝，其實我並無特異功能，只是留心注意車流量的多少，並主動去了解每個地方的人文經濟，由於我心中有數字概念，在管理寺院時，無論行政、財務、工程、總務各方面，能從大結構和小細節預事而立，面面俱到。

一九六〇年代，我初創佛學院，即使「出坡」這麼一件例行事情，我都親自說明意義，並且身先表率，挑磚擔水；多年後的今天，想為我做事的徒眾何止千萬，但我未曾以命令口吻，叫人做事，還經常為徒眾解決問題。最好的管理，不一定高高在上，發號施令，而是深入群眾，與對方建立休戚相關、生死與共的關係，才能發揮最大的整體力量。

管理的妙訣在於將自己的一顆心管理好，讓自己有時間的觀念，有空間的層次，有數字的統計，有做事的原則；尤其重要的，讓自己的心裡有別人的存在、有大眾的利益。

「一心」的管理法

世間上的管理，主要是站在「人」的立場來管理，目前各種的管理中，最難管理的就是人的這一顆「心」。

其實真正的管人，如果能有觀世音菩薩的慈悲，還是好管理。因為在慈悲的面前，人人都樂意接受；在慈悲的面前，人人都不會反抗，所以觀世音菩薩不是管理人而已，他更重視的是如何管理人的這一顆心。

因此，我們信仰觀世音菩薩，要學習佛教的管理法，應先了解佛教管理「心」的法門。

經云：「心如工畫師，能畫諸世間。」

我們的心就好像工廠一樣，設備良好的工廠製造出良好的產品，人見人愛；設備不好的工廠，只會增加環境的汙染，自惱惱人。如果我們正本清源，打從自己的心製造光明的見解、芬芳的思想、潔淨的觀念，與他人共享，則能擁有豐美的人生。

佛教經典，不僅僅是用以誦經求功德，更可以深入了解經文大義，應用於做人處事的管理上，必然受用無窮無盡。

一卷〈普門品〉，就是觀世音菩薩最好的「管理學」。

我們的心有愚痴的心，有顛倒的心，有貪婪的心，有嫉妒的心，有這麼多不好的心，觀世音菩薩又是如何來管理人的那麼多種心呢？

1. 一心稱名

以〈普門品〉而言，觀世音菩薩對世間、對人，是以「一心稱名」來管理「心」！

在觀世音菩薩的管理中，不是說你是什麼樣的心、什麼樣的毛病，他就要用什麼藥來治療你；不管是什麼心，都是教你要「一心」。

所謂的「一心」，即是教導我們要保有「真心」，以真心待人，對方必定回以盛意。當你以「真心」一心稱名，就不會有嫉妒心；以「真心」一心稱名，你還需要和人家處處計較嗎？

所謂的「一心」，即是沒有二念；觀世音菩薩的心，就是我的心，我的心與觀世音菩薩的心合而為一，自然能脫離我執所受的苦惱，這時候就能「一心慈悲」，而這樣的「一心慈悲」，就是真正的智慧。

所謂的「一心」，亦是一念的清淨之心；當人們與我作對、交惡、排擠、欺壓時，我總能以甘露水般的清淨心視之，並滌洗淨化隨之而來的無明煩惱，退一步海闊天空，以「清淨心」一心稱名，便可遠離貪瞋痴三毒惡業。

此外，在「一心」的管理上，更要效法觀世音菩薩——以捨為有，則不貪；以忙為樂，則不苦；以勤為富，則不貧；以忍為力，則不懼。

而且，「一心」也要無畏如觀世音菩薩，才能夠承受六種人生的「經得起」：

(1) 經得起貧困苦難：有的人立志，但因貧窮，直讓英雄氣短；有的人經不起苦難的煎熬，因此改變想法，改變意志。

貧窮苦難是人生成功的試金石。印度的甘地，經得起貧困苦難的折磨，所以能帶動印度民主風潮，爭取印度的獨立自由；明太祖朱元璋因為經得起貧困苦難的磨鍊，立志上進，所以能開創大明盛世，登基為帝。

青年學子，從小發憤圖強，也要不斷地念茲在茲：「我經得起貧窮，我經得起苦難；貧窮苦難打倒不了我，貧窮苦難不能改變我的意志。」

經得起、衝得破貧窮苦難，自有柳暗花明又一村。

(2) 經得起挫折打擊：世界上很多偉大的科學家，他們的發明幾乎都是經過多次的挫折、失敗；如果經不起，如何能成功呢？一些政治家如果經不起宦海浮沉，不能衝破挫折打擊，怎麼能成功呢？

我們看到別人的成功，就應該想到，在風光的背後，必然付出過努力，甚至經歷多少的挫折、打擊，能夠經得起，才有成功的一天。

所謂「叮叮噹噹，久鍊成鋼」，鋼鐵要成器，必須經得起千錘百鍊；同樣地，經得起挫折磨鍊的人，才能成才。

(3)經得起批評毀謗：世間上，幾乎沒有一個人只有受人恭維讚美，而沒有被人批評毀謗。所謂「譽之所至，謗亦隨之」，一個好人，君子認同，小人必定會批評毀謗；如係小人，壞人會認同，君子只會不屑。世間永遠是佛與魔的對立、君子與小人的消長，好壞善惡一直都會糾纏在一起，這就是世間的實相。

經得起批評毀謗的人，就好像瓦罐瓷器，必須經得起火燒鍛鍊，或是日晒水浸，才能成器。

(4)經得起壓力傷害：一株小草被壓在大石下，它能接受壓力煎熬，一旦大石被搬開，就能冒芽茁壯；一朵小花，經得起風吹雨打的摧殘，等到風停雨歇的時候，就能再度展現美麗的風姿。

經得起壓力傷害的人，就能像小草傲然挺立，就能如花朵散發芬芳。

(5)經得起人情冷暖：人都要經過很多的人情淬鍊，所謂「世態炎涼，人情冷暖」。這個世間永遠如一把秤，你重了，秤砣就輕；你輕了，秤砣就重，所以人難免會被人看得起、看不起，這是正常的世道人情，問題是你能經得起人情冷暖嗎？

其實，儘管世間人情冷暖，令人傷感，只要自己健全，自能受人尊重；自己條件不夠，受人冷眼歧視，也要能經得起。韓信曾受「胯下之辱」，後來不是仍能「築壇拜將」嗎？

(6) **經得起寂寞孤獨**：人生在熱鬧場中日子容易度過，在寂寞孤獨的生活裡，很難捱過。自古以來，所有成功的英雄好漢，都有他刻苦自勵的經驗，都有他孤獨寂寞的歲月。即使黃金白玉，也要經得起在深山曠野中寂寞淒涼的歲月，一朝被人發掘，就能閃耀光芒，呈現價值。所以，人不但要能耐得住寂寞孤獨，還要能從寂寞孤獨中奮起，才是最重要的。

大自然裡，梅花經得起冰霜雨雪，愈冷愈開花；蓮荷經得起炎炎夏日，愈熱蓮蕊愈芬芳。高山經得起踐踏，海洋經得起航行。

心若能「經得起」外境苦與樂、衰與榮、紛亂與和平的種種考驗，便能立足社會，安身立命。而一心，更可讓一個家族、一個公司、一個政權凝聚共識，成就繁榮盛景，這也是觀世音菩薩最好的管理「心」法。

2.「慈悲」的管理法

俗話說：「家家彌陀佛，戶戶觀世音。」

每個人都把家中最好的正廳，用來供奉觀世音菩薩，為什麼呢？因為觀世音菩薩有慈悲的功德。因為慈悲，才能走進每個人的家庭；因為慈悲，才能受到每個人的尊重；也因為慈悲，才能真正降伏人心，讓大家心悅誠服、恭敬供養。

在〈普門品〉中，最殊勝的觀世音菩薩管理法，就是經文中提到的觀世音菩薩大慈大悲，「慈悲」是最高等的管理法。

例如：甲公司向乙公司的某員工挖角，甚至開出高一倍的薪水條件，縱使待遇優惠，乙公司員工卻仍不為所動。高薪當前，何以不動心呢？原來乙公司的主管能讓下屬信服，不僅愛護員工、關懷員工，且逢人微笑、語帶讚美，凡事鼓勵，又注重員工身體健康、福利，以及未來的發展，更進一步用心改善工作的環境和品質。就員工的立場和心態衡量，還有比這些更重要的嗎？

又因為觀世音菩薩慈悲之故，所以他願意處處「救苦救難」。當工作夥伴遭遇困難時，我們也應該立即施以援手，盡己所能地全力協助，因為唯有替對方解決難題，他在無憂無懼之下，才能有心思做事；主管協助部屬解決困難，部屬對主管表示感激，工作時願意全力以赴，往後主管領眾行事，自能舉重若輕而輕鬆自若。

〈普門品〉中記述觀世音菩薩救苦救難的精神，談到觀世音菩薩「救三毒七難」，亦即觀世音菩薩可以解除我們內心的貪、瞋、痴三毒和火難、水難、風難、刀難、鬼難、囚難、賊難等七難。觀世音菩薩也能滿足人「求男得男、求女得女」的願望，甚至變現各種不同身分來度化你。

不過，我們也要懂得「求人不如求己，自助才有人助」的道理，在工作中或生活中，遇到任何的困難麻煩，除了他力的救助外，還是要靠自力，失敗之人，往往等待別人伸出手來；而成功之人，則常常是伸手給別人，與人為善並從善如流！

3.「七巧」的管理法

觀世音菩薩為了將他世界裡的眾生「管理」好，所以大慈大悲、救苦救難，讓眾生得以無憂無懼，例如你有貪欲的，他布施喜捨來幫助你；你有瞋恨的，他以慈悲來教化你；你是愚痴的，他用智能來引導你；你有疑嫉的，他賜信心來攝受你；求生兒子的人，他能幫助你生下福德智慧之男；求生女兒的人，他能幫助你獲得端正有相之女。

如果你是軍人，他為你說軍人法；如果你是工商人士，他對你講工商管理法；即使你是一個童男或童女，他也會以童男童女的教育布施給你；因為觀世音菩薩善應諸方所，能隨類應化，觀機說法，所以他走進了每一個人的心中，而信者們也將家庭裡最好的地方供奉給他，心悅誠服地接受他的信仰及領導。

觀世音菩薩善應諸方所、隨機應化的權宜巧妙，運用在生活中，則要有「七巧」，才能有好的管理。

何謂「巧」者，即是「隨機應變，識得大體」的靈巧之人，在為人處事上，必能表現「堅守原則，圓融變通，隨緣便利」。

有一名弟子問師父：「人生的價值何在？」

有一天，師父拿了一塊石頭，叫他到街上待價而沽，但是只要知道別人出價多少就好，不要出售。

弟子照做，到街上問價，有人出價一元，有人喊價兩元，有人要價五元，最高出價十元。

弟子回寺告訴師父，師父第二天又叫弟子拿到百貨公司估價，百貨公司有人見石頭光澤亮麗，於是一百、兩百、五百，到最後有人出價一萬元。

後來，師父又要弟子把石頭帶到珠寶博覽會去估價，會中有人一看，晶瑩剔透，馬上出價十萬，跟著有人五十萬、百萬、千萬……

弟子回寺告訴師父，師父說：「你問我人生的價值，答案就像這塊石頭，看它放在什麼地方，就是什麼價值！」

人的價值儘管各有不同，但是做人就是要創造自己的價值，才是人生的意義；而一個「巧」者，更是懂得創造生活的價值。

何謂「生活七巧」：(1)說話要有技巧，(2)做事要懂善巧，(3)反應要能敏巧，(4)思想要達智巧，(5)學習要用心巧，(6)做人要夠靈巧，(7)凡事要會活巧。

(1)**說話要有技巧**：一句話能讓人歡喜，也能讓人生氣，就看說話者的技巧；善於說話者，必能注意「態度誠懇、說話語氣、表達方式、情理兼顧、對方反應、說話時機、情境安排」等技巧之運用，存乎一心。

(2)**做事要懂善巧**：做事情，有時候一個人能獨力完成，有時候要靠眾人群策群力。不管是個人或眾人完成之事，都必須善用技巧，比如以個人之力能完成之事，不宜勞師動眾，應化繁為簡；而眾人之力完成之事，必須要事先計畫、分配，且凝聚向心力，不求個人表現，才能順利完成。

(3)**反應要能敏巧**：遇事反應要靈敏果斷，掌握先機；若反應遲緩猶豫，將費比別人更多的心力善後。尤其危機處理時，更要反應靈敏，才能快刀斬亂痲，化危機為轉機。

(4)**思想要達智巧**：一個人的思想要清楚靈活，要能事先設想多種可能性、影響性、正反性及有利性，行事時才能時時通暢無阻。

(5)學習要用心巧：「學無止盡」，讀書時要學習，工作時更要學習；學習並非死背教條、枉讀書籍，而是心要巧，保持好奇，邊學邊做、邊做邊學，如此活到老、學到老。

(6)做人要夠靈巧：做人的各種角色扮演，要能恰如其分，主管要有主管的樣子，部屬也要有部屬的樣子，靈巧地實現倫理之道；先學會當人的部屬，吸取豐富的經驗，將來才能當好主管。

(7)凡事要會活巧：「智人做難事，難事也好做；愚人做易事，易事也變難」，事雖有難易之分，端視主事者，能否靈活運用科學方法。活巧的前提就是與時俱進，和時代之輪一起邁進，而非倚老賣老，自以為是。

4.「施無畏」的管理法

人在和人相處中，最不安的就是畏懼和恐慌，所以觀世音菩薩不但救苦救難，而且布施給人「無畏」。

施無畏是什麼？

此中的意義，就如有力量的人和有辦法的人，對於一些弱小無助者，給予保護說：「不要怕，有我。」而此種布施的精神至為重要。

在布施中，有財布施、法布施，還有無畏布施。

無畏布施，是幫助眾生去除恐懼害怕，得到身心安穩，例如有人發生事故，心生恐怖，你以一句真誠話語或是實際行動，使他受益，減少恐慌，就是無畏布施；年輕的阿兵哥為國家服役，給予社會安定的力量，也是一種無畏布施。

財布施，可得錢財富貴功德；法布施，可得聰明智慧功德；而無畏布施，可得長壽健康功德。

觀世音菩薩尋聲救苦，給予眾生布施「無畏」，所以在觀世音菩薩的諸多名號當中，又名「施無畏者」。

我們要發願做眾生的保護傘，不受雨淋；要做眾生的手電筒，消除暗夜恐慌；要做眾生的舟航，讓大眾能離開苦海；要做眾生的家園，讓他免於餐風露宿，正如觀世音菩薩的施無畏。

在這個世間上，雖然到處有聖賢善良之人，但是不可諱言的，許多貪瞋愚痴的地獄、餓鬼、畜生也和我們同居一處，所以我們處世，也應該學習膽量和智慧。所謂「勇者無懼」、「仁者無敵」；尤其重要的是「平日不做虧心事，夜半敲門心不驚」，只要自己日常遵守綱常紀律，待人處事慈悲正直，自當能夠磊落做人而「應世無畏」。

「人能弘道，非道弘人。」一句鼓勵的話，可以給信徒安心，舉手之勞的服務，可以讓信眾歡喜，這即是「施無畏」。所以，我們建寺、說法、獻燈、法會、梵唄、浴佛，都是安信眾的心，也是以真理、佛法、體悟、感動，讓信徒歡喜。

一個沒有恐懼、害怕的人，就是能安心，就是能歡喜的人。

人間最寶貴的不是金錢、物質、名位、權勢，而是每一刻都安心、歡喜；即使擁有世間的一切，但如果心不安、不歡喜，那也沒有意義。人能安貧樂道，那是因為知足心安，無欲歡喜。

佛光山的工作信條：「給人信心、給人歡喜、給人希望、給人方便」，做為每一位佛光山弟子的座右銘，也是期勉每一個人都成為像觀世音菩薩一樣的施無畏者——把佛像雕塑得很莊嚴，讓信徒見到了，生起信心；把道場打掃得清潔乾淨，讓信徒禮拜得身心清涼自在，而生歡喜；以親切和藹的態度接引信眾，給予希望；把經典現代化、語體化，在海內外設立道場別分院，也是給信眾方便閱讀、共修。

一個會做人、會做事的人，不是以脾氣、聲音大，就是代表有力量能降伏他人，而是要有施無畏的慈悲，不要讓對方怕我們，要做到人家不怕我們，這才是真正的會做人、會做事的人，也是最高的管理精髓。

5.「學觀音」的管理法

有信徒問我：「師父，既然觀音管理這麼好，我們應該如何來宣揚，或者是勸導大家來學習觀音，管理自己、管理事情？」

其實，在佛門裡，我們天天就在宣揚「觀音管理」了。所謂的「朝觀音，暮彌陀」，我們每天早上要誦念「觀世音菩薩」，晚上晚課誦念「阿彌陀佛」，平常到了哪個地方，我們大家都學習觀世音菩薩的精神，奉行觀世音菩薩的慈悲，既要利人，也要健全自己。

而我們信奉觀世音菩薩，學習觀世音菩薩的管理，最終極的目標是：「念觀音，拜觀音，更要自己做觀音。」觀世音菩薩能施與眾生無畏，我們也要提升自我的能量，做一個具有「慈悲心、智慧力、勇猛力」的眾生保護者。

對於意志消沉，灰心失志者，應效法菩薩給予鼓勵；

對於被人加害，災難臨身者，應效法菩薩給予解救；

對於遭受挫折，險阻艱困者，應效法菩薩給予助緣；

對於誤入歧途，迷失方向者，應效法菩薩給予指引。

當然，學習觀音管理，首先就是要自我健全。一旦自我健全了，則無論什麼事情都能成辦，一切也都能完成、都能圓滿。

怎樣才能做到「自我健全」呢？

一天傍晚，佛陀的弟子阿難在花園獨自靜坐，忽聞到一陣陣的花香，隨風而至。平常，風吹花香時，由於不夠安靜，不見得能聞到花的芳香。或者心靜下時，卻不見得有風經過，而嗅聞到花香。這個黃昏，靜坐中的阿難，心格外地寧靜，加上此時正是繁花盛開的春季，春天的風也自然地一陣陣吹拂而來；於是，阿難聞到了有生以來最芬芳而美妙的花香氣息，令他感動得從黃昏一直坐到夜裡，不捨離去。

坐著坐著，他的心，也跟著花香飄動了起來，生起一個又一個問題，這些問題讓他出神離定，接連數日裡，心都沒辦法平靜下來。

這一天，阿難又捲入花香和那些問題中，心被吸引而去。

佛陀經過時，便問他：「阿難，你的心如此地波動不已，究竟是為什麼呢？」

於是，阿難將自己苦思不已的問題，提出來問他的老師：「敬愛的佛陀，所有的花朵，都需要開花才能有芳香，究竟有沒有不開花就有芳香的花呢？花香的產生，經常局限在短暫的因緣中，有沒有常保芳香的花呢？而花香飄得再遠，也有一定的範圍，有沒有瀰漫全世界的花香呢？所有的花香，總是順風飄送，有沒有在逆風中也能飄送的呢？」

面對阿難一連串的問題，佛陀微笑回答：「持戒的人，不一定要開花才能有芳香，即使沒有智慧之花，也會散放芳香；而有禪定的人，他的內心永遠保持喜悅的花香，絕不僅止於短暫的因緣中；至於智慧開花的人，他的芬芳更是瀰漫整個世界，不受時間和範圍所限制。一個透過內在開展戒、定、慧的人，即使在逆境中，也可以飄送人格的芳香呢！」

佛陀又和藹地說：「阿難，一個修行的人，不只是聞到花園的花香，最重要是讓自己心的花園開花，飄送德行的芳香。如此，不論他住在城市或山林，所有的人都會聞到他的芬芳！」

一個透過內在開展戒、定、慧的人，就是一個自我健全的人，他能在內心的花園裡，綻放最美麗也最芬芳的花朵。

第五章 觀音力

感動的世界最美麗，感動的人生最富有，因為感動就是佛心，感動就是佛性，感動是最好的修行。世間沒有夠不夠，但憑盡心盡力，這便是感動；以眾為我，把事情做得更好、更多，也是感動。

常有徒弟在工作上遇到挫折、不如意時，就會對我說：「我好疲倦，沒有力量。」

我們常說鼓勵會增加力量；信心的建立會增加力量；對未來有希望會增加力量；從事有興趣的事，也會有力量；而學佛的人安住在法喜中、禪悅裡，從中生起力量，有了力量，就能多一分心思去體諒別人。

力量的來源往往要靠發心，一如觀世音菩薩。

很多人會問：「觀世音菩薩的力量，是什麼樣的力量呢？」

我認為觀世音菩薩的力量，是一分感動的力量，而有了感動，才能有感應。

我們可以說，有佛教的地方就有人信仰觀世音菩薩。尤其現今的台灣，儘管多神教很普遍，可是多神教信徒對觀世音菩薩仍是不減信心，各媽祖廟、天公廟的後殿中央，一定要供奉「觀音佛祖」，菩薩的慈悲真正是做到了隨類應身的地步。

為什麼觀世音菩薩獨獨受到這麼多廣大群眾的信仰，正因為觀世音菩薩施展了感動的力量，故創造了無限的感應奇蹟。

在我們修行途中，見到別人行善、做好事，都應該感動；不感動的人無異槁木死灰，這樣的人如何與佛法相應？

有一次，我到日本巡視道場，幾天下來，看見有個徒眾無論何時何地都是面無表情、暮氣沉沉，最後一天，我終於忍不住，把他叫來說：「你幾乎像個死了的人，可能你的心意是好的，但是我感覺不到你是活脫脫的生命，你要將你的肌肉活起來啊！」

如何讓肌肉活起來，靠的就是一分讓人感動的力量！

不論是慈悲的行為、溫柔的話語、體諒的心意，或者讓人產生信心、增加歡喜、湧現希望、得到方便，這些善言懿行能永遠活在人們的心裡，所以，感動是很重要的修行。

我的一生，也常為別人的一句話、一件事、一本書、一部影片而感動不已，當初寫《釋迦牟尼佛傳》，自己經常被感動得忍不住流淚。一個人要常感動，對別人所做的歡喜感動，對自己所做的也要歡喜感動；每天都應思忖自己如何讓言語行事，都令人感動。有了感動，彼此的心意才能溝通交流。

感動的世界最美麗，感動的人生最富有，因為感動就是佛心，感動就是佛性，感動是最好的修行。世間沒有夠不夠，但憑盡心盡力，這便是感動；以眾為我，把事情做得更好、更多，也是感動。

觀世音菩薩之所以能展現無比的神通威力，也正是他的發心、慈悲、謙卑、勤勞、忍耐，令諸佛菩薩感動，更令人感動。

成就觀音力

在諸多觀世音菩薩的應化事蹟中，菩薩見一切眾生，都如同自己的兒女一般。俗語說「母子連心」，當兒女有難，做父母的焉有不救護之理？

有人或許會問，菩薩既有這麼大的慈心和神通威力，何以世間有許多遭苦難的人，卻不蒙菩薩救護，那不是厚彼薄此嗎？

《佛遺教經》中，佛陀曾說：「我如良醫，知病說藥，服與不服，非醫咎也。又如善導，導人善道，聞之不行，非導過也。」

又如：電力公司已在送電，你家裡的電燈插頭若有毛病，電燈怎麼會亮呢？廣播電台正在廣播，你的收音機頻率沒有調整和它對應，收音機又怎麼會收到廣播呢？所以，這不能怪菩薩沒有感應，俗語說「感應道交」，所謂：「千江有水千江月，萬里無雲萬里天。」又說：「眾生心垢淨，菩提月現前。」就是這個道理。

有一個信徒對他的師父說：「師父，我現在不拜觀世音菩薩了。」

師父問他：「咦，你拜觀世音菩薩拜了十幾年，怎麼不信了？」

他說：「我花了不少錢做善事，祈求觀世音菩薩替我消災增福，可是別人並沒有因為我花錢行善就歌頌我，我兒子也沒有做大官，觀世音菩薩沒有保佑我出名升官，我還拜他做什麼？」這只是為升官、發財、出名而拜觀音，和觀世音菩薩的悲心願力就連結不起來。

從自身去奉行菩薩大悲救苦救難的精神，自己帶給別人感動，誰奉行觀世音菩薩的慈悲，誰就是現身的觀世音菩薩，我們每個人都可以做觀世音菩薩，這是我們應有的認識。

自古以來，諸多觀世音菩薩神通威力的靈感應驗事蹟中，就是為了讓我們生起「學觀音、拜觀音」的不退信心，進而成就「做觀音」的感動力量！

有一年的一月底寒冬時節，我搭機返回美國西來寺時，張姚宏影居士已在客廳等候我多時。當初西來寺創建時，就是靠他捐三十萬美金買土地，我們才有勇氣在美國創建西來寺。西來寺的紀念堂也是他捐獻的，我為紀念堂題的對聯是：「我佛如來度一切苦厄，善男信女登九品蓮台。」他十分歡喜。

他告訴我一些關於觀世音菩薩的靈感事蹟。

他的公公曾經大病一場，病中夢見自己是山西某寺的和尚，並且記得該寺的對聯。後派人查證，果真有此人，那位和尚圓寂之日，即為他公公的生日。從此，公公便信仰佛教、素食。當設立的精舍中少了一尊聖像時，他日夜祈求南海觀音，海中果然漂來一尊觀世音菩薩像……

張姚宏影居士一生中的靈感事蹟很多，他對佛光山的信心，從一次又一次的靈感事蹟而更加發心。他談到從來不理會別人的說法，只要是對的事、好的事，他一定勇往直前，雖是女性，卻有大丈夫之氣概。

張姚宏影居士的本身，就是成就觀音力的最好實例。

真正的神通

民間流行一句話：「家家彌陀佛，戶戶觀世音。」觀世音菩薩為民間所普遍信仰，為什麼觀世音菩薩會走入我們的家庭之中，成為家家戶戶所虔誠供奉的對象呢？

根據〈普門品〉的描述，當眾生遭遇苦難時，所謂火、水、風、刀、鬼、囚、賊等七難，觀世音菩薩往往普門示現，即時解除我們的困厄，碰到無法解決的疑難，觀世音菩薩以無邊的法力、廣大的神通來指點我們的迷津，度化眾生，排除一切的災難，因此成為眾生心目中無助時的依怙、苦難中的希望。

在談述觀世音菩薩以神通所施展的十四種觀音力之前，我們先來談一下所謂的「神通」。

根據經典的記載，所謂神通是修持禪定之後，而得到無礙自在的不可思議力量。像觀世音菩薩就是修行「耳根圓通」法門，所以能「即時觀其音聲」，處處尋聲救苦。

一般人常迷戀「神通」，就是希望自己能夠擁有呼風喚雨、騰雲駕霧等奇術，以為這才叫做神通。其實，在我們的生活中，如果留心注意的話，到處都有神通。

譬如長途跋涉，口渴難當，喝一杯水就能止渴，一杯小小的水，如同沙漠甘霖，能止息如火燄的乾渴，這不就是神通嗎？

泳技高明的人，手輕輕一撥，腳微微一蹬，如履平地，進退自如，身體在水中能夠如魚兒一樣逍遙自在，不也是一種神通嗎？

會騎車的人，不扶把手，車子一樣平穩向前，不是很神奇嗎？

根據科學家們的研究，人體器官的構造極為奧妙，當我們悲傷的時候，眼淚就汩汩流下；開懷的時候，自然哈哈有聲；飢餓了飯來就能飽腹，寒冷時穿衣便可暖身，這一切不也是神通嗎？

過去有人研究母親的乳腺，所分泌出的乳液，不但能供給嬰兒成長所需要的營養，並且隨著嬰兒的發育而逐月增加數量，比電腦算得還精確，一旦母親停止哺乳孩子，卻又能夠自動不再分泌，直到今日，科學家們仍然尋找不出其中的原因，從另一個角度來看，這種不可思議的現象何嘗不是一種神通呢？

因此，神通並不一定指神奇變化的法術，我們日常生活中的一切，譬如四時的運轉、晝夜的更遞、花開花謝、月盈月虧，乃至動植物所呈現的奇妙世界，不都也是神通嗎？

所以，我們應該從生活中去體會神通的真義，在生活中運用神通的妙趣。譬如在日常生活裡，當我們看到嫣紅嫩綠的花草、皎潔如輪的明月，不覺心曠神怡，感到歡喜，這自然流露的愉悅之情不就是神通嗎？

有時我們想博得一個人的歡心，說幾句讚美的話，對方就喜形於色、笑逐顏開；相反地出言不遜，則會招來對方的指責。愛語能使人歡喜，惡言卻能使人生氣，這言語不是很神奇嗎？而人類那不可思議的喜怒哀樂等感情活動，不也是一種神通嗎？

除了生活中充滿神通外，自然界的種種現象也是神通。譬如烏雲密布，天上就下雨了，甚至有時太陽懸掛在天際，豆大的雨滴也灑落不停，這不是很奇異的現象嗎？由於氣流流動的不同，而產生和風、暴風、颱風等等，乃至閃電打雷、飄雪下雹，這一切的自然變化，都可說是神通。其他如四時的更遞，不違時令，讓生物得以繁衍生長，生物間彼此保持和諧的生態關係，生生不息地延續蓬勃的生機，這種種的自然變化，也可視為一種神通。

佛教認為要求得神通並不是困難的事，但求證神通必須具備下列四種條件，才能學習神通。

1. 依於慈悲

《大智度論》說：「菩薩離五欲，得諸禪，有慈悲故，為眾生取神通，現諸希有奇特之事，令眾生心清淨，何以故？若無希有事，不能令多眾生得度。」

聲聞、緣覺二乘人但求證入涅槃，而觀世音菩薩雖然自己煩惱已盡，為了慈愍眾生，而發大菩提心，求證神通，以救度更多的眾生。

為什麼度化眾生需要神通呢？

由於眾生愚痴，對於平常道不覺珍愛，以奇為貴，所以觀世音菩薩要現種種奇特稀有的神力來攝化他們，因此，求證神通是菩薩為了慈悲度眾的方便手段，而不是求道的真正目的。

因為一切的修持如果離開了慈悲，即為魔藪，缺乏慈悲心的神通，如虎添翼，其危害將更大。如提婆達多仗恃神通來破壞佛教，如修煉成精的妖魔鬼怪，以神通來蠱惑善良百姓，都是神通的不當使用。因此修學神通，最重要的前提，就是要培養慈悲心，慈悲心不具全，不可以輕言求證神通。

2. 住於淨戒

所謂住於淨戒，就是受持淨戒的意思。戒律是三學之一，身心的依止，受了戒才知道是非善惡，什麼是該做，什麼是不該做，有了守戒的精神，能以戒律來約束自己的行為，就不會依仗神通而胡作非為，傷害眾生；合乎戒律，有益於大眾的事，才方便以神通去助長。因此要修學神通，必須要持戒嚴謹，否則神通不僅無益，反而成為外道邪魔害人的力量。

3. 安於忍耐

有了神通，還必須具備忍耐的禪定功夫。忍耐的道德不夠，稍微遇到不順心的事，就怒火中燒，以為有了神通，一切可以隨心所欲，打擊對方。這樣的神通充其量不過是傷人的利器而已。能夠安於忍耐，不到最緊要關頭，絕不輕易濫用神通，即使不得已運用神通，也是為了維護正義真理，對大眾更有助益時才顯現神通。

4. 用於平常

佛經上說「平常心是道」，佛法應該提倡生活的淨化、道德的修養，而不是神奇怪異，平常心才能永恆長久，而神通只能用於一時。況且神通並不能去除根本煩惱繫縛，獲得生命的圓滿解脫，唯有在平常的生活裡，去體會佛法的真諦，淨化身心，得到大自在，才是真正的神通。

我的外婆十七、八歲就持齋念佛，修行認真，從小我跟隨外婆長大，受他影響至深，種下我日後出家的因緣。記得童年時住在外婆家，經常和他睡在一起，半夜裡往往被他肚子裡發出的翻江倒海的巨響所驚醒，小孩子好奇就問他說：「奶奶！您肚子為什麼會發響？」

「這是修道的功夫。」外婆信心十足地回答我。

後來我出家了，我所親近的師父、老師，以及許多有修持的大德，肚子都不曾如此地響叫過，難道他們的功行不及外婆高深嗎？

隨著年歲的增長，我終於明白其中的道理。大約出家七、八年之後，我二十歲的那年夏天，回到離別多年的家鄉，去探望外婆。

記得當時外婆正獨自坐在一棵大樹下乘涼，我挨著他身旁坐下：「奶奶！您的肚子還會叫嗎？」

「那當然，這功夫怎麼可以丟失了呢？」外婆理直氣壯地回答我。

「肚子會叫有什麼用處呢？能夠免除煩惱憂愁、增長道德、了生脫死嗎？」我咄咄逼人地追問他。

外婆被我一問，不覺愣住了，這時恰巧頭上掠過一架飛機，神氣地發出巨大的聲音，劃空而去。

我得理不饒人，進一步問他：「飛機引擎的聲音比您肚子的叫聲還要響，肚子會叫，對人生究竟有何意義呢？」

記憶中外婆聽了我的話，一臉迷惘地站起來，默默不響地走進屋裡去了。

事隔幾十年，每一回想起外婆那悵然若失的神情，就增加我內心的深深歉疚，神通雖然不是究竟之法，卻是他幾十年來苦修的功行，又何必逞一時之快，用幾句話而使他失去信心呢？不過我相信，他一定能體諒我一心一意引他入平常正道的孺慕之情。

「慈悲為本，方便為門」既是佛門度眾的原則，也是觀世音菩薩救度眾生的感動力量。唯有慈悲的根本，方能展現方便法門，這也是神通背後的深意！

一個觀世音菩薩的信仰者，寧可無智慧、無能力、很平庸，但不能不慈悲。慈悲是一種寶藏財富，在日常生活中要發揮功能，講話不傷害人，做事不磨人，不為難對方，不增加別人的困擾，這都是慈悲。

有六種神通，才是我們要去學的——

人我自在神足通，
看破苦樂天眼通，
是非分明天耳通，
皆大歡喜他心通，

同體共生宿命通，
見聞清淨漏盡通。

十四種神奇的觀音力

從卷首一開始的圓滿觀音心，到圓願觀音緣、圓通觀音法門，乃至圓融觀音管理，到此刻成就觀音力，我們理解到觀世音菩薩慈悲的軌跡，如何發大菩提心，為了給人好因好緣，而習得耳根圓通法門，並透過在生活中圓融的「一心」管理，成就最令人感動的力量。

觀世音菩薩所具的十四種神奇無畏的觀音妙力，可為十方三世一切仰慕他的六道眾生加持，也能悲憫所有受苦受難的眾生，不離不棄地救度大家脫離苦難。當一心稱名時，心與之相應時，可得下列觀音妙力的功德：

1. 解脫諸苦惱

佛告無盡意菩薩：「善男子！若有無量百千萬億眾生受諸苦惱，聞是觀世音菩薩，一心稱名，觀世音菩薩即時觀其音聲，皆得解脫。」

我的故鄉有一位年輕貌美、事親至孝的信女，在鄰里間傳為美談。

有一年，他母親因為年老，舊疾復發而病倒了。信女帶著母親四處求醫問診，病情卻未見好轉。眼看著母親終日為病苦折磨，他心痛不已。

一夜，跪在觀世音菩薩前，他含淚祈禱，並虔心發願：「母親身體若能痊癒，就以自己的頭髮，繡成一尊兩丈高的觀音聖像。」

說來不可思議，發願後不久，信女母親的病情果真日漸好轉。有感於觀世音菩薩加被，他開始將髮絲一根根剪下，劈成四條，髮若游絲般在繡布裡穿梭。

一天天，一年年，黛綠年華的妙齡女子，轉眼已成老態龍鍾的老太婆；似若秋水的雙眸，也已老花矇矓不清。

如此經過六十年，兩丈高的觀世音菩薩終於繡成，清淨莊嚴，就像觀音的化現一般。雖然完成後，信女的雙眼已經失明，但那分宏大的願心及毅力，不僅成為鄉親的行誼典範，亦在人間留下不朽的價值，而這也是觀世音菩薩解脫諸苦惱的最佳明證。

2. 免七難

①若有持是觀世音菩薩名者，設入大火，火不能燒，由是菩薩威神力故。

在《冥祥記》一書中，有兩則「火不能燒」的記載。

晉朝時期，一位原籍天竺、名叫竺長舒的人，是一位虔誠的佛教徒，每日固定誦讀〈普門品〉。有一天，他的鄰居失火，一連幾排房屋都被大火給迅速燒毀。長舒所居住的草屋位於順風處，火燒的當時，他正一心誦念〈普門品〉，就在火燄將要延燒到他家的那一刻，不知何故，忽然風勢轉向，大火竟自動息滅了，消息傳到全縣各地，眾人無不感到驚訝萬分。

有一個惡少年，故意要測試長舒的異常能力，在一晚風急的夜裡，跑到長舒的房子外頭放火，但很奇怪的，點了四次火，竟都沒有點著，少年嚇得當場向長舒懺悔，長舒對他說：「其實，並非我有什麼神力，只不過我常虔誠誦念觀世音菩薩名號，所以能得到他的慈悲護佑，在每一次危險發生時，都能化險為夷。」

姚秦時期的法智和尚，在未出家時，經常獨自一人在曠野遊走。

有一天，他忽然遇到猛烈大火，從森林、草原四面八方而來，眼看生路已被阻隔，他隨即坐在地上，靜心默念觀世音菩薩名號。不一會兒，火勢便已息滅，法智一看四周的草幾乎都燒焦，只有身邊坐著這一塊沒有燒起來。於是，他更尊崇觀世音菩薩。

後來，他又為姚興去征服胡人，不小心跌下馬來，落到胡人的包圍之中。這時他藏到溝渠旁的叢林裡，心中一再默念觀世音菩薩名號，一溝之隔的胡人命令兵士前來殺他，可是當兵士經過時，無論怎麼搜查，就是沒發現他。

死裡逃生的法智，有感於觀世音菩薩兩次相救之恩，便發心出家了。

②若為大水所漂，稱其名號，即得淺處。

著名的法顯大師，是中國第一位西行抵達印度求法的大探險家。東晉隆安三年，六十五歲的他和同學慧景、道整等一行人，從長安出發，向西遠征流沙大漠，穿越積雪冰川，經歷諸多險難，終於剩他和道整兩人來到天竺。

後來法顯在天竺遊歷數年，收集許多經典，七十七歲時，搭乘商船，循著海洋的路線準備返回中國，船上共有兩百多名乘客。

一晚，黑風吹起，海水灌入船上，眾人無不驚恐畏懼，紛紛將雜物拋棄，法顯擔心所攜帶的經像也被船客丟到大海中，便一心持念觀世音菩薩名號。不久，船任風而去，竟然毫無損傷，幾個月後，法顯終於順利輾轉回到廣州，完成佛教使命。

唐朝的不空三藏法師，也有一次離奇的水難經歷。

不空法師為天竺的婆羅門，在一次搭船行經南海時，遇見一場前所未見的巨大風浪，船上的商人們都驚慌得使出各國的祈禱方法，卻無一奏效。這時，不空法師對大家說：「你們先安靜下來，不要擔心，我有一個辦法。」

於是，他至誠誦念〈大悲咒〉一遍，立刻風平浪靜。

隨後，海上又出現一隻大鯨浮上水面，口中噴出一股數丈高的水浪，排山倒海而來，比之前更加劇烈。所有人都失去信心，準備聽天由命，不空法師又如之前做法，結果又平安度過這次險難。

③若有百千萬億眾生，為求金、銀、琉璃、硨磲、瑪瑙、珊瑚、琥珀、真珠

等寶，入於大海，假使黑風吹其船舫，漂墮羅剎鬼國，其中若有乃至一人稱觀世音菩薩名者，是諸人等，皆得解脫羅剎之難，以是因緣名觀世音。

羅剎，是一種專門吃人的鬼怪，出沒在很深的山中或是危險的海上，以及藏有珍寶的所在。

據說在清朝康熙二年時，有一艘捕魚船，夜晚停泊在小孤山下方的淺灣，準備第二天一早前往海上捕撈漁獲。

夜深人靜時，沉睡的船員突然聽到山神命令屬下說：「明天有一艘鹽船會經過這裡，你們速速去收拾他們。」

隔天清晨，天才剛亮，果然看見了一艘鹽船，張著大帆悠揚而來。這時，原本風平浪靜的海面，忽然掀起滔滔巨浪，好幾次都要把船給淹沒，但奇妙的是，那艘鹽船卻始終未被翻覆，最後平安地駛離。

那天晚上，漁船依然停泊原來的地方，夜晚，船員們在夢中，又聽到山神很生氣地責怪眾鬼辦事不力。

這時，眾鬼皆答：「我們很盡力啊！可是正當我們撲向船上時，看見船尾站著觀音大士，大家都不敢再動手了。」

第二天，漁船追上鹽船，上前一探究竟，才知道原來該船的一名操舵手，是一位虔心持觀音聖號的佛教信徒，也因為他一心稱念觀世音菩薩名號，而使眾鬼不能侵害，救了大家的性命。

④若復有人，臨當被害，稱觀世音菩薩名者，彼所執刀杖，尋段段壞，而得解脫。

一九三七年的七月七日，「蘆溝橋事變」揭開了中日戰爭的序幕。

記得同年的農曆十二月十三日，那是一個大雪飄飄的日子，日軍攻進南京城，當時十歲的我，身上扛了一條被單，跟著一般民眾開始了逃亡的日子。

我們一路向北方走，半途看到一百公里外的南京，火光沖天，真是燒紅了半邊天，後來才知道原來那就是南京的日軍正式展開大屠殺的時刻。

不多久，整個江蘇就全部淪陷了。逃難中，年老的外婆九死一生，不但從日軍刺刀下逃過一劫，也曾經泡在江水中，所幸，靠著一件冬日的棉衣而不致淹死，而能再度逃到興化會合。

這一年年底，日軍全面占領江蘇，外婆掛念家產，想回故居一看。於是，祖孫二人花了兩天時間，步行到江都。這時，江都的小鎮已完全被戰火摧毀，幾成一片瓦礫廢墟。外婆的家比較有規模，倒塌的瓦礫中，餘煙猶裊裊上升，而我家的四間草屋，則成為一堆灰燼。

正當我和外婆在居家左右憑弔時，不幸被日軍看見，馬上將外婆帶走。我一路哭喊著在後面跟隨，不知走了多遠，日軍用刺刀攔住我，不准我前進，因此我和外婆就此分開，之後也不知外婆被帶往何方。

年過六十的外婆，幸運地未被日軍處決，而是被帶往營房當伙夫，因為當時人民不是逃光，就是殺光，日軍每日三餐需要很多人手工作，外婆因此得以倖免於難。不過，這也是因為平時外婆信仰觀世音菩薩，而能在日軍的刀槍下逃過一劫。

後來，外婆從日軍的伙夫房偷偷逃了出來，竟然又找到了藏身在死屍堆中的我，我們祖孫得以再見，一路又躲躲藏藏逃到興化，和家中的其他人相聚。

觀音念在心，心念不空過，真的能滅諸有苦！

早在劉宋時代，京城瓦官寺的住持僧洪法師，率領所有沙彌募化銀錢，建造了一座高達一丈六尺長的金身佛像，就在熔鑄即將完成，還來不及開模前，僧洪法師卻被抓起來了！因為當時正值晉朝末年，嚴禁人民使用銅鑄，否則將被懲以死刑。

僧洪因此被關在相府的監獄裡，眼下唯有默誦〈普門品〉，並一心歸命所塑之佛像。一晚，他夢見所鑄的佛像現身獄中，還用手摸摸他的頭，叫他不要煩惱。僧洪看見這尊佛像的胸口，有一尺多長的焦沸銅色。

就在他被處刑的那天，相府的參軍用牛車載他往郊外準備執刑，牛車走到半路時，突然牛奔逃而走，連車子也損壞了！在不得已的情況下，只好更改行刑的日子。不久，參軍即接到君王不准殺僧洪的命令，理由是僧洪罪有可原。

於是，大難不死的僧洪平安返回寺裡，打開佛像的模一看，佛像的胸前果然有一道焦沸銅色，這下他恍然大悟，更深信菩薩的慈悲力量。

⑤若三千大千國土，滿中夜叉、羅剎欲來惱人，聞其稱觀世音菩薩名者，是諸惡鬼尚不能以惡眼視之，況復加害？

隋朝開皇初年，揚州有一位和尚，法號已經失傳，平時因能誦《涅槃經》，於是頗為驕傲；而在陝西岐州東山下的小村落，有一位沙彌平時常殷勤持誦〈普門品〉。

後來，和尚與沙彌暴斃而亡，同時來到冥府。沒想到冥王竟給沙彌最上等的金座，敬禮備至，給涅槃僧以銀座，在禮數上，就稍微差了一點。和尚因此忿忿不平，便質問沙彌何以能被冥王禮敬。

沙彌答說：「每次誦念〈普門品〉時，我必著淨衣，焚燃名香，咒願完畢後，才開始誦念，長久以來，不敢有所怠慢。」

和尚一聽心中慚愧萬分，趕緊起身拜謝：「我真是罪過，誦念《涅槃經》時，威儀不整，身心也不清淨，如今都驗證了。」

北天竺烏長國那連提黎耶舍三藏法師，十七歲出家，發心尋找名師聽聞正法。後與同伴偕行，前往雪山的北邊修行。當他們抵達雪山的峰頂時，發現峰頂上有兩條道路，一條是荒涼難行的人道，另一條是便利通暢而充滿危險的鬼道。

許多旅行者來到此處，多半會貪圖方便而選擇鬼道前行卻遭殺害。為此，從前有一位聖者便在路口造立一尊毗沙門天王石像，用手指指著人道的方向。

當那連提黎耶舍三藏法師來到這裡時，走在他前面的同伴已誤入鬼道，他在後頭發現了，趕緊持誦觀音神咒。沒想到才相差百步遠，同伴竟被鬼給殺害，而他自己因為持咒的力量得以逃脫鬼難。

後來，他再往前行進時，又遇到山中的搶匪，由於專心地誦念神咒，所有土匪竟對他視若無睹。就這樣循路東走，終於脫離險境。

⑥設復有人，若有罪、若無罪，杻械枷鎖檢繫其身，稱念觀世音菩薩名者，皆悉斷壞即得解脫。

一九四八年，我時年二十一歲，應聘在出家祖庭宜興白塔山大覺寺邊上的一間國民小學擔任校長。為了振興佛教，在我的生涯規劃中，早就希望為佛教開辦一間農場和一所國民義務學校。這是我期望已久的工作，如今有了這個機會，我自然全力以赴。

可惜，當時國共戰爭又起，我的祖庭大覺寺，白天國民黨的軍隊不斷進出，到了夜晚，共產黨的人員也展開活動。經常在學校上課，聽到「砰」一聲槍響，知道附近又槍殺人了。不管白天或深夜，經常聽到狗吠，都讓人膽顫心驚。

一九四八年的二月，我在半夜裡被人叫醒，睜開雙眼一看，幾十個武裝軍士，個個用長槍短槍對著我，喝令道：「不要動！」

大約一個小時後，我被帶到一所空屋，裡面早已綑綁了數十人。我一到達，其中一個看起來像是長官的樣子，大吼一聲：「把他吊起來！」所謂吊起來，就是用繩子扣著兩手的大拇指，懸掛在空中。

我當時一聽，心想這下可能要受苦了。但隨即看到他身旁的一位同伴，在他耳邊耳語兩句，他馬上說不要吊我，只把我綑綁在一旁。

於是，我就待在這間空屋子裡，今天看到槍斃兩個人，明天看到原本健康的人，好端端地被帶出去，不多久就皮開肉綻地被用門板抬了回來。

就這樣到了第十一天，忽然叫到我的名字，我被用繩索綑綁著帶出空屋，也不知道將會被帶往何處？只見一路上，五步一哨，十步一崗，大家如臨大敵一般，我心想，這必定是要把我綁赴刑場，應該是要被槍決了。

當時天色灰濛濛一片，我並不畏懼，只是感到壯志未酬，萬分遺憾。想著想著，已被帶到另一間屋子，只見裡面放著各種刑具，我以為免不了要受刑罰，但是不知道什麼原因，完全出乎意料之外，那位長官竟然當場釋放了我。

一九四九年夏天我來到台灣，因沒有入台證，幸經國民黨榮譽主席吳伯雄先生的尊翁，時任警民協會會長吳鴻麟老先生出面作保，我才得以獲准留台。

但是，當時台灣省政府聽信廣播，說大陸派遣五百位僧侶到台灣從事間諜工作，因此我和一群來自大陸的僧青年，不分青紅皂白就被分別關在台北、桃園等地。其中，慈航法師被關在台北，我和律航法師等一行十餘人被關進桃園的一所倉庫。

有一天，忽然傳來命令，將我們綁起來拉去遊街。大約走了一個多小時的路程，來到一所警察局，裡面一人見狀，大罵一聲：「誰叫你們把這些和尚帶來的，趕快帶回去！」

於是，我們又被帶回倉庫，在裡面住了二十三天。最後幸經孫立人將軍的夫人孫張清揚女士、曾任台灣省主席吳國禎先生的父親吳經明老先生，以及立法委員董正之先生、監察委員丁俊生先生等人營救，才把我們從鬼門關前拉了回來。

而這兩次牢獄之災奇蹟似的解除，我想是平時信仰觀世音菩薩，持念觀世音菩薩名號而得到他冥冥中的救護。

⑦若三千大千國土，滿中怨賊，有一商主，將諸商人，齎持重寶，經過險路，其中一人，作是唱言：「諸善男子，勿得恐怖，汝等應當一心稱觀世音菩薩名

號，是菩薩能以無畏施於眾生；汝等若稱名者，於此怨賊，當得解脫。」眾商人聞，俱發聲言：「南無觀世音菩薩！」稱其名故即得解脫。

其實不論是大火或大水，乃至惡鬼、刀槍、杻械，更深一層的涵義，都是心中之賊所作。

有一則著名的禪宗公案如下：

利蹤禪師有一回在深夜裡，站在僧堂前大聲喊叫：「有賊！有賊！」叫聲驚動了堂內所有僧眾，這時，一名學僧剛好跑出來，利蹤禪師一把就抓住他：「糾察師父！我抓到賊了。」

學僧趕緊推拒：「禪師！你弄錯了，我不是賊！」

但利蹤卻不放手，仍然嚷著：「是就是，為什麼不肯承擔？」

學僧驚嚇得不知如何是好，這時利蹤禪師口誦一偈：「三十年來住子湖，二時齋粥氣力粗；無事上山行一轉，借問時人會也無？」

明朝王陽明先生曾說：「擒山中賊易，破心中賊難。」一個人在日常生活中，常用眼、耳、鼻、舌、身、意等六根，向外執取色、聲、香、味、觸、法等六塵欲樂，引生種種煩惱痛苦。而三十年來的修行，每日的二時粥飯，不都是為了降伏心中的盜賊，若能如此領會，上山一轉，心賊一捉，佛法就此當下了！

利蹤禪師對禪者的一番考驗，實在是禪師的大機大用。

而上述的七種災難，在世間隨時隨地都可能發生，例如地震、颱風、火山爆發、洪水氾濫，乃至刀兵賊難、惡人陷害、歹徒襲擊、交通事故等等的「天災人禍」。我們隨時隨地都處在危險之中，所以在向觀世音菩薩祈求「消災免難」之餘，自己也應設法消災免難。

(1) 要存好心善念：凡一切事情都有因緣果報；就是災難，也有一定的前因後果。假如能時時存著好心善念，不與人為敵，不跟人為難，災難自然會減少。

(2) 多做慈悲善事：人在有意無意間，難免有一些錯誤的行為，犯下一些罪業。但是由於你不斷行善做好事，還是可以借助自己的功德，而能消災免難。

(3) 經常反省認錯：有的人「死不認錯」，這是最大的缺點。所謂：「人非聖賢，孰能無過；知過必改，善莫大焉。」認錯既是美德，也是消災免難最好的法門，即使在法庭上，對一個肯認錯的罪犯，也會量刑從寬。

(4) 不斷懺悔滅罪：做了錯事犯了罪，成為災難；要想消災免難，最好的辦法，就是至誠懺悔，且不再造作。懺悔的法門無限廣大，不僅能沖淡罪業，乃至重業輕報。我們可以對諸佛菩薩懺悔，可以對聖人君子懺悔，可以對父母長輩懺悔，可以對朋友兒女懺悔，懺悔的法水必能洗淨我們的罪業。

(5)時時許願改過：我們所以有災難，都是因為自己的身口意造下了罪業，所欠下的債務，一旦因緣成熟，就必須償還。假如我們不時地許願，對自我提出改過遷善的舉動，以善願善行來懺除罪業，到災難降臨時，諸善行美事的功德，自能助你解除災難。

佛教有一則故事。

有一個小沙彌，只剩下七天的壽命。有神通的師父得知後，於心不忍，就叫小沙彌回家探親，想讓他在餘生不多的日子裡，和父母好好團聚。

小沙彌高高興興回家，七天後又歡歡喜喜地回到寺院。師父一見，驚訝不已地問小沙彌：「回家期間是否做過什麼善事？」

小沙彌答說：「沒有呀！」師父要他仔細再想一想。

這時小沙彌突然想起來，在回家途中，見到一個小池塘，有一窩螞蟻正在載浮載沉，小沙彌一念悲心起，就摘下一片樹葉，放進池塘，於是救了一窩螞蟻。

就因為這一念悲心的救蟻功德，後來這位小沙彌活到九十多歲。
我們想要消災免難，除了仰賴觀世音菩薩的力量，更要靠自己的力量。

3. 離三毒

①若有眾生多於淫欲，常念恭敬觀世音菩薩，便得離欲。
②若多瞋恚，常念恭敬觀世音菩薩，便得離瞋。
③若多愚痴，常念恭敬觀世音菩薩，便得離痴。

所謂：「六根門頭盡是賊，晝夜六時外徘徊，無事上街逛一趟，惹出是非卻問誰？」

前面說到晝夜二十四小時，要全心全意守護我們六根的門戶，使心中之賊不再蠢蠢欲動，也就不會惹事生非。心中之賊所以蠢蠢欲動，就是和貪欲、瞋恚、愚痴三毒相應，才能產生妄心妄念，而無端生起波瀾。在觀音法門中，提到一心稱其名號，當我們的心，全心全意與觀世音菩薩的慈悲心相呼相應，便能轉化貪、瞋、痴三毒煩惱，而有觀世音菩薩清淨自在、無欲則剛的大智慧。

有一位久戰沙場的大將軍，已厭倦戰爭，專誠到大慧宗杲禪師處要求出家，他向宗杲道：「禪師！我現在已看破紅塵，請禪師慈悲收留我出家，讓我做您的弟子吧！」

宗杲禪師冷淡地答道：「你有家庭，自我又強，還有太重的社會習氣，對名譽也很貪求，你還不能出家，慢慢再說吧。」

將軍回說：「禪師，我現在什麼都放得下，名譽、妻子、兒女、家庭、自我都不是問題，請您即刻為我剃度吧。」

宗杲禪師仍然不肯：「慢慢再說吧。」

將軍沒辦法，有一天特地起了一個大早，來到寺院禮佛，宗杲禪師一見到他便問：「將軍為什麼起得那麼早，就來拜佛呢？」

將軍特地賣弄兩句禪語詩偈，以顯示自己是很有根性的：「為除心頭火，起早禮師尊。」

宗杲禪師一聽，故意開玩笑地也以偈語回道：「起得那麼早，不怕妻偷人？」

一向高高在上的將軍，哪經得起別人如此輕蔑，怒火立刻燃燒，對禪師罵道：「你這老怪物，講話太傷人！」

宗杲禪師哈哈一笑：「輕輕一撥扇，性火又燃燒，如此暴躁氣，怎算放得下？」

這時，將軍才恍然大悟，明白自己的三毒熾盛，並非如口中說「放下」那麼容易，而「說時似悟，對境生迷」，習氣並非說改就能改的，平時要多持念觀世音菩薩名號，久而久之，才能真正地放下。

4. 滿二求

①若有女人，設欲求男，禮拜供養觀世音菩薩，便生福德智慧之男。
②設欲求女，便生端正有相之女，宿植德本，眾人愛敬。

清末民初著名的虛雲老和尚（一八四〇～一九五九），據說也是觀音送子而來。他的父親蕭玉堂，世居湖南湘鄉，和母親顏氏結褵多年，年逾四十卻無任何子嗣，於是便在一處觀音寺祈求，因見寺宇殘破，橋梁失修，於是發願興建。不久，父母同時夢見一位身穿青袍的長鬚老人，頂著觀音跨虎而來，後來母親即懷有身孕。第二年，父親任福建泉州府吏時，生下了虛雲。虛雲出生時為一只肉團，母親驚駭得氣絕而亡。第二天，有一位賣藥老翁前來，告之應剖開肉團，果然剖開後，現出一位活生生的嬰兒，由其庶母王氏扶養長大。

虛雲從小就喜歡吃素，一見到佛像、經書則心生歡喜，他的父親擔心虛雲會出家，剛滿十七歲，便為虛雲娶田、譚二氏，但是虛雲反而為二女開示佛法，結為淨侶。十九歲時，虛雲立志離俗，便於福建鼓山湧泉寺，禮常開老和尚出家，隔年，依止鼓山妙蓮和尚受具足戒，法號德清。

在虛雲長達一百二十歲的生命裡，不僅挑戰十難、四十八奇，更在動亂的大時代裡，振興中國禪宗，重建八十多處寺院，恢復教法，成為當代的佛教傳奇。

有關觀音求子故事，不僅發生在中國，古代的新羅（現在的韓國），亦有傳聞。當新羅第二十四代真興王之後，正值佛教大盛，高僧輩出，像是玄光、圓光、元曉、義湘、慈藏、明朗、惠通等等，其中慈藏法師，不僅是新羅律宗的開宗始祖，在中韓文化與政治溝通上，也扮演著舉足輕重的角色。

慈藏法師的父親金武林，為辰韓的王族真骨（貴族之最）的後代，他任職新羅的蘇判異（相當唐朝一品大臣），一生篤信佛法，且為官十分清廉，但是生平最大的遺憾是膝下無子。

為了求得一個孩子，金武林廣為布施供養，又造千尊觀音佛像，發願若能喜獲麟兒，則其子成長後，願將之奉獻佛教，以廣度眾生。不久，金妻夢見吉星入懷而有孕，十個月後孩子誕生，正是四月八日佛誕節，父母便為他命名為善宗郎，也就是爾後揚名於世的慈藏法師。

很多人在夢中見到一處風景優雅的聖地，找遍全省都找不到，偶然間來到佛光山，赫然發現竟和夢境相符，才相信是菩薩的接引，屏東縣九如鄉韋贊水、韋滿英夫婦的事例便是其中之一。

話說韋贊水夫婦結婚二十多年來，生有四女，很希望能有個男孩，於是到各地寺廟拜佛求子，有天夜裡，韋太太夢見自己身在一個不知名的地方，漫山荒野，但見遍地都是大鐵釘，順手撿了一支，心想去拜佛，正不知往何處去，忽然遇到一位出家師父不聲不響地引導他往前走，走了好久還不見寺廟，便問：「師父啊！你要帶我到哪兒？我是要去拜佛的呀！」

「就快到了，哪！就在上面……」

抬頭一望，眼前斜坡上只見一排水泥房，心想：「這哪裡是廟？」

那位師父似乎猜透他的心事，便告訴他：「拜菩薩要從坡台上去！」

說完直往上爬，他跟著爬上坡台，果然見到一座殿宇，裡面供奉著一尊慈祥的白衣觀音，四周也坐滿了白衣觀音，心裡激動不已地不斷跪拜，就在一拜一拜中，醒了過來，不久果然懷孕，且如願地生下一名男孩。

韋先生和太太開始尋找夢中的觀音，只要聽說那兒供奉觀世音菩薩就趕往而去，從台北樹林、中壢、台中、台南、高雄，所知道的寺廟都找遍了，卻還是找不到夢中的觀音。

過了三年，也就是一九七一年，夫婦兩人前往旗山途中，路經佛光山下，見有人往斜坡上走，心想不妨也跟上去看看。一到山上，眼前的花木、建築有種似曾相識的感覺，再爬上一個坡台，即見夢中出現的殿宇；進了大殿，一看到殿堂中央的觀世音菩薩大像，以及四周層層的觀音聖像，不禁驚喜地喊出：「找到了，找到了，我就是夢見這尊觀世音菩薩。」

韋太太夢見的，正是佛光山大悲殿的觀世音菩薩，而夢中的一排水泥房，即是現在的佛光山叢林學院，坡台今名六十坡，一花一木絲毫不差。從此，夫婦二人發心虔信佛教，護持道場，而觀世音菩薩所賜給他們的兒子，後來成為陽明大學的高材生。

5. 等同諸佛菩薩

在《楞嚴經》第六卷中，提到觀世音菩薩第十四種觀音妙力，如下：「持我名號，與彼共持六十二恆河沙諸法王子，二人福德，正等無異。世尊！我一名號，與彼眾多名號無異；由我修習，得真圓通。」

此意為：持觀世音菩薩名號，與持六十二恆河沙數大菩薩名號的福德相等，也就是觀世音菩薩等同於三千大千世界一切諸佛菩薩，因其耳根圓通、無處不在，所以持他的名號，和諸佛菩薩無異。

雖說觀世音菩薩的力量等同一切諸佛菩薩，能以三十三種應化身度眾，乃至千百億化身救苦救難，但我們總不能把苦難都推給觀世音菩薩，讓菩薩做我們的保鑣，我們一定要訓練自己，使自己成為能面對各種挑戰的觀世音。

(1) 面對苦難的挑戰：佛經裡有謂「三苦七難」，三苦是：苦苦（苦受）、壞苦（樂受）、行苦（不苦不樂受），七難則是〈普門品〉的火難、水難、風難、刀難、鬼難、囚難、賊難。這些都是人生所不希望遇到的苦難，但是苦難之魔往往主動上門；當我們無法躲避時，要如何降伏呢？所謂「苦」，對有忍耐力的人而言，不算什麼事；所謂「難」，在一個勇於奮鬥的人面前，難也是能夠克服的。所以，當苦難來了，要以忍耐和勇敢加以化解。

(2) 面對逆境的挑戰：常云「逆境來時順境因」，遇逆境，必須經得起考驗，勇敢向逆境挑戰，前途才會順利，事業才能成功。一般人創業，難免會遇到經濟周轉不靈，或是人情因緣不具，或是身體病痛等問題。遇逆境不是問題，問題在於自己有沒有堅定的信心和毅力去克服，有恆心去對治，那麼逆境不也能轉為順境嗎？

(3)面對疾病的挑戰：人自呱呱墜地，一聲「苦啊」來到這個世間，從喝奶開始，就有疾病隨之而來。如何從疾病中超脫出來？根據一些病患經驗，有些疾病不一定要靠醫藥治療，有時透過運動、生活正常、注意飲食、心情開朗、正信宗教、樂觀進取等方式，功效不比醫療差。若身體不適時，自己也要做自己的醫生，要自我檢查，是辛勞過度呢？是受了風寒呢？是暴飲暴食呢？還是飲食不合呢？自己要了解自己的身體，愛惜自己的身體，儘量把患病的因去除，自然就減少生病的果。

(4)面對貧窮的挑戰：在諸多困境中，貧窮是比較麻煩的困境。因為有的人想用力氣解除貧窮，但是沒有力氣；有的人想用智慧改善生活，但是沒有智慧；有的人想用能力改變困苦的日子，但是沒有能力。儘管如此，貧窮並非不能改變。許多家財萬貫的富翁，最初不也經歷過貧窮？假如把他們的經驗拿來自我實踐，必然有所改進。例如，有的人用勞力勤奮工作；有的人用智慧投資創業；有的人從小本生意做起。面對貧窮困境，有時一個念頭、一件小生意，或是家人的一句建議，就有改善的契機，甚至自己一時心血來潮，可能就領悟出脫離貧窮的方法，可見貧窮是可以改變的，最重要的是自己的心不要變貧窮了。

效法觀音力，成就人間淨土

六十多年前，我來到台灣時，真是一無所有。後來，我愈來愈體會什麼是我的，什麼不是我的。我寧可不擁有一塊土地，但我心中不可以沒有宇宙；我寧可不擁有金錢，但我心中不可以沒有慈悲，這種種感受，就是我從佛法、從觀音精神中，體驗到的人間佛教。

學觀音，拜觀音，做觀音，是一種修持的法門，雖然觀世音菩薩大威神力，不是每一個人都可以做到的。但有一種觀音力，卻是可以靠大家共同成就，那就是給來山的信眾遊客一個清淨安寧的寺院環境，主動給每一個人親切的微笑、點頭、招呼、服務，那就是最美好的感動力量了。

多年前，我問過在佛光山工作的員工，佛光山最欠缺的是什麼？

佛光山硬體的建築已逐漸完備，樹木花草也蓊鬱翠綠，出家和在家的人眾也一年比一年增加，但當時我說佛光山最欠缺的是：講好話的人太少了。

「出口說好話」的人永遠不嫌多，永遠令人感動。在佛門，心要彼此尊重友愛，身要盡忠職守在崗位，口要講好話多讚美，就可以完成身口意的三業修行。

同樣，今天大家在社會上工作，在這片土地生存，在地球上呼吸，需要增加什麼？又欠缺什麼？

(1) 要增加觀音信仰：觀音信仰是任何宗教可行，觀音信仰包含了慈悲、信心、力量，並能安身立命，因此要增加觀音信仰。

(2) 要增加慈悲：每一個人都有慈悲心，但只局限在自我的範圍，心中常有觀世音菩薩的慈悲，能使頑石點頭，更能促進人際間的友愛。慈悲心不夠的人表示內心貧窮，心的空間狹小，所以大家要常以歡喜、微笑、親切來增進內在的慈悲。

(3) 要增加衝勁：大部分的人只有片面的承擔，缺乏觀世音菩薩無畏承擔的勇氣，因此要增加工作的積極性，很多事雖然不是自己分內的工作，但要培養樂於與人合作、喜歡協助他人的心，互助友愛，同心協力。

許多人對人生多抱著做一天算一天的心態，缺少熱情和創造力，更缺少了生命的目標。希望每一個人與觀世音菩薩的因緣都能夠終生不變，效法觀世音菩薩的慈悲、發心、願力、無畏施，願意處處拔苦予樂，有所饒益於別人，心中無比的歡喜而沒有一絲悔吝，共同成就一個人間淨土，知足自在地在此安居樂業。

我們感動於觀世音菩薩而憶念著他，觀世音菩薩也會回應並憶念著我們，念與念之間，慈悲的大感應湧現，再燥苦的人間都會湧出甘泉。

這種念念相續，正是宇宙的大和弦、大梵音，行無邊之慈悲如入虛空——虛空有盡，我願無窮！

這是大乘菩薩道的精神啊！

觀世音菩薩的願心如舟，載著我們在人海中慈悲地航行。

當我們學會了觀世音菩薩的「慈眼視眾生」，當我們擁有觀音般的妙智妙力，我們已然發現，人間圓滿的真諦，就在心中、眼底、雙手和腳下，與我們真實合一。

本書乃大師學了六個月日文後，於一九五三年譯出森下大圓之《普門品講話》。期從大師簡潔流暢之譯文出發，引領讀者體會原典內涵，進而窺見佛光山多年來遵循活用之「觀音菩薩慈悲圓融管理法」，此乃大師對觀音法門之深刻體悟與獨一創見。

下卷

法華經觀世音菩薩普門品講話

森下大圓 著

星雲大師 譯

第一章 前言

觀世音菩薩的聖號，在中國、日本、韓國，是沒有人不知道的。為什麼觀世音菩薩會受到廣大群眾的信仰呢？佛教中有一部偉大的經典，名叫《妙法蓮華經》，現在所講的〈普門品〉，就是此經中的第二十五品，說明觀世音菩薩的普門利益，一般人所稱的《觀音經》，就是指〈普門品〉。

觀世音菩薩的聖號，在中國、日本、韓國，是沒有人不知道的。信仰觀世音菩薩，不限於寺院庵堂，也不限於皈依三寶的佛教徒。無論是都市、鄉村、深山、海濱，凡是有人居住的地方，家裡大都會供奉一尊觀世音菩薩的慈像。

為什麼觀世音菩薩會受到廣大群眾的信仰呢？佛教中的菩薩非常之多，釋迦牟尼佛說《法華經》時，在座的菩薩固有八萬之多，就是其中做為代表的，也有十八位大菩薩。在這十八位大菩薩中，有些菩薩不但沒有人供奉、持誦，簡直很少有人知道。然而觀世音菩薩卻成為人人所知、人人所信的對象，這是什麼道理呢？讀了〈普門品〉，你自然就會明白了。

佛教中有一部偉大的經典，名叫《妙法蓮華經》，內容敘述佛陀的本懷，而現在所講的〈普門品〉，是這部經的第二十五品，也就是《法華經》中二十八品之一。

本品的內容，是說明觀世音菩薩的普門利益，因此往往有人把這一品獨立禮誦。一般人所稱的《觀音經》，就是指〈普門品〉。〈普門品〉是簡稱，完整應該稱為〈妙法蓮華經觀世音菩薩普門品〉。

「普門品」已經知道了，但「妙法蓮華經」五字的意義不能不了解。這五個字，其義甚廣，其理甚深。如果詳細解釋，固可成為全部《法華經》的講義，同時也可知道佛陀出世的本懷，佛教根本的原理。所以，簡單地來講，是不能夠明白的。因為本經是說明佛教的根本原理，在佛教數千卷的經典中，可稱為經中之王，如果要講明本經，勢必要說到佛教整個的理論。

關於《妙法蓮華經》的解釋，後文會說明，現在先來說明本經的譯者。

這部經所用的文字，本來是印度的梵文，把它譯成中文的是姚秦鳩摩羅什三藏法師。羅什大師，是佛教四大翻譯家之一。這四大翻譯家就是羅什、真諦、玄奘、不空大師四人。在四大翻譯家之中，特別是羅什大師，無論在教義上，在翻譯上，都占有極重要的地位。因為他的翻譯，是翻譯界中的一大革新。如《法華經》，在羅什譯的前後，曾有數種譯本。像竺法護的翻譯，雖也是全部譯出的，但還是以羅什譯的為最盛行。智者大師開立天台宗，就是以羅什譯本為基礎的。從這些情形看來，其殊勝的程度也就可想而知了。

羅什大師是中亞細亞人，即是過去稱為西域的龜茲國人。他七歲的時候，隨母親到處參訪名師，精研教典。其中，主要研究的是繼承龍樹菩薩的法門，而《法華》、《般若》的翻譯，即是主述其法門的。

在羅什大師的門下，有四論之祖的僧叡大師，三論之祖的道生大師，皆有助於天台宗開立的基礎。

羅什大師到中國來，是在一千五百多年前。那個時候正值中國的五胡之亂，因為晉朝被夷狄從西北逼到南方來，在揚子江下游的建業（今之南京）建都，稱為東晉。那時，在黃河流域的長安，有英傑苻堅獨立，自稱為秦。其臣呂光以戰勝的餘威，討伐西域各地，並奉命迎羅什大師至中國。但不久苻堅在淝水一戰，為流矢所中而死。前秦亡後，姚萇代之，稱為後秦，亦稱姚秦。

呂光在遠征的途中，得到君主戰死的消息，由於自己在西域各地不斷地打了勝仗，於是就在現在的甘肅省獨立，稱為後涼。羅什大師乃羈留於涼州十六、七年。後來到了姚秦二代君主姚興，他非常虔誠，崇信佛教，特以厚禮待遇什公，在弘始三年（四〇一），將他迎至長安。姚興特以朝廷的西明閣為什公的居室，以逍遙園為翻譯的道場，在中國佛教史上大放光彩。一因羅什大師的學識德望，二因姚興的厚加保護，故逍遙園翻譯道場的盛觀，大可驚人！單說什公的門下，總數就有不下三千餘人。在譯《法華經》的時候，參加的即有二千餘人，譯《思益經》時亦是二千餘人，譯《維摩經》時有一千三百餘人，其他如《摩訶般若經》四十卷、《金剛般若波羅蜜經》一卷、《阿彌陀經》一卷，都是在那個盛況裡翻譯的。

《法華經》是羅什大師來長安的第六年譯出，即是東晉安帝的義熙二年（四〇六），姚秦的弘始八年（四〇六）。

羅什大師譯的《法華經》，原來只有二十七品，其後大概經過八十餘年，在齊武帝永明八年（四九〇），由達摩摩提與法獻法師共譯〈提婆達多品〉一品添入，乃成二十八品。又因羅什大師譯的〈普門品〉只有長行，沒有重頌，到一百八十餘年後的隋朝，才又由闍那崛多與達磨笈多法師譯出重頌補入，始成今日所流行的《法華經》。

第二章 大乘與小乘

《法華經》一共分有二十八品，〈普門品〉就是這二十八品中的一品。二十八品的各品教義都是很重要，沒有什麼甲乙等級的分別。為了便於說明，只可分為本門和跡門二門。

佛教，本分為原始佛教與後期佛教。原始佛教又稱為小乘佛教，後期佛教又稱為大乘佛教。在小乘佛教中，又有種種的分派，不管他們的分派是如何地多，只要是小乘，必然都是著眼於宇宙的現象界，認為這個現實世間是苦，是空，是無常的；生存在這樣的一個世間，其最重要的工作，無過於盡力的捨離世間，求得自身的解脫。至於如何利人，如何救濟世間，他們一點也不表示關心。這在佛教中稱之為獨善其身的自了漢。因為他們除了自己的覺悟之外，不管別人的解脫，把別人的解脫，看作與自己沒有關係。這種傾向個人的解脫主義，可說是含有非常濃厚的出世色彩。

到了後期的大乘佛教，就與這種思想相反了。他們把宇宙的現象界看作是實在的，認為事理圓融，自他平等。所以小乘是消極的，而大乘是積極的；小乘是寂滅的，而大乘是活動的；小乘是個人的，而大乘是社會的。

在大乘佛教中，又有權實的分別。所謂權教，對於說理方面，既還沒有十分徹底的達到圓融無礙，關於開悟方面亦認為有很大的區別。可是實教就不同了，這如《法華經》說：「唯有一乘法，無二亦無三。」一切根本沒有什麼差別，宇宙中的森羅萬象，完全是中道實相妙法的顯現。佛教中的古德從洞觀一即一切的認識中，常常這樣說：綠色的楊柳，就是清淨微妙的法身；風吹拂松柏，就是諸佛菩薩說法度生的音聲。「溪聲盡是廣長舌，山色無非清淨身」，就是這一境界的描寫。在一切經典中，能夠透闢發揮這個究竟道理的，就是《法華經》。所以它是「實大乘」中的一部最偉大的經典。

據一般佛教徒所說：釋迦牟尼佛當初開悟的時候，本來是想轉根本法輪，講《大方廣佛華嚴經》的，可是這種高深的至理，一般俗耳是很難聽得進的。因此，這才不得不方便權巧地從基層方面著手，先講小乘的《阿含經》，然後從小乘進入大乘而說方等諸經，更進一步地講《大般若經》。這些都是進入大乘實教的方便，最後法華會上，開權顯實，說《法華經》，才算是真正達到佛陀傳道的目的。

我們可以說：釋迦牟尼佛除了最初在華嚴會上所說的以外，其他中間所說的教法都是枝末法輪，最後到法華會上才是轉根本法輪，所謂「攝末歸本法輪」就是指此。由此可知，《法華經》在一切經中是占有如何重要的地位了。

關於《法華經》，在印度很早就有世親菩薩的註釋了。在中國涅槃宗的法雲法師有《法華義疏》，三論宗的嘉祥大師有《法華義疏》，法相宗的慈恩大師有《法華經玄贊》，禪宗的戒環禪師有《妙法蓮華經解》。他們都是各依自宗的教義來解釋《法華經》。當時的智者大師以這部經為中心，別開一宗，是名法華宗，並著有《法華玄義》、《法華文句》、《摩訶止觀》三大部。

由此看來，這部《法華經》，不管在佛教的哪一宗，都占有重要的地位。無論誰都不會忽視這部經的價值。

《法華經》一共分有二十八品，〈普門品〉就是這二十八品中的一品。二十八品的各品教義都是很重要，沒有什麼甲乙等級的分別。為了便於說明，只可分為本門和跡門二門。

《法華經》的前十四品，就是佛陀垂跡的一切，可稱為跡門，後十四品是依佛陀本地而說的本門，這都是佛陀出現於這世間所說的言教。佛陀本是一個宇宙真理的體現者，他老早就成佛而證法身了，依此法身而出現到這個世間來的佛陀，好比一輪皎潔的月亮，把他的影兒映現在水中罷了。

這二十八品中既分本、跡二門，跡門中的〈方便品〉和〈安樂品〉，本門中的〈壽量品〉和〈普門品〉，合稱為《法華》四要品。妙樂大師說：「〈方便品〉相當於發心，〈安樂行品〉相當於修行，〈壽量品〉相當於菩提，〈普門品〉相當於涅槃。」從發心、修行，而至菩提的覺悟，再由現前的覺悟，而至涅槃的〈普門品〉，由此又可以明白〈普門品〉在《法華經》中占有如何重要的地位了。

〈普門品〉既在《法華經》中占有這樣重要的地位，所以觀世音菩薩的名號，到處有人受持；觀世音菩薩的慈像，到處有人供奉，也就是這個道理。

第三章　妙法蓮華經釋名

《妙法蓮華經》所以要稱為妙法，因為全經所說的教義（法）是甚深微妙的。這妙法的法，是指「十界十如權實」的諸法。十界是地獄、餓鬼、畜生、修羅、人、天、聲聞 緣覺 菩薩、佛界。在這十界中，又各各具有十如是。

〈普門品〉既是《法華經》二十八品中的一品，所以詳細名稱應該叫做〈妙法蓮華經觀世音菩薩普門品〉。

我們在研究〈普門品〉以前，不能不先知道《妙法蓮華經》的經題。在佛教的經典中，經題就是一部經的總綱，因為經題包括一部經的要旨。尤其是這部《妙法蓮華經》的五字經題，可說是包含了全部宇宙的真理，總攝了八萬四千法門的要義，包括了五千五百卷經的精髓。如果擴大開來詳細的解說，就是天台三大部的浩瀚典籍也無不盡在其中。

本經的梵語原名，應該叫做「薩曇芬陀利修多羅」（Saddharma Puṇḍarika Sūtra）。「薩曇」翻譯中文為「妙法」；「芬陀利」翻譯中文為「蓮華」；「修多羅」翻譯中文為「經」。把這部經由梵語而譯成中文的，就是鳩摩羅什三藏法師。

《妙法蓮華經》，是釋迦牟尼佛晚年在王舍城東北耆闍崛山（又名靈鷲山）所說。當佛陀宣講這部經的時候，集合在耆闍崛山上的聽眾，有以文殊、觀音為首的大菩薩八萬人，有以摩訶迦葉、舍利弗等為首的大阿羅漢一萬二千人，其他還有天（天是天界諸神的通稱）、龍（龍是龍神）、夜叉（鬼神）、乾闥婆（樂神）、阿修羅（最暴惡的神）、迦樓羅（譯為金翅鳥，一切鳥中之王）、緊那羅（歌神）、摩睺羅伽（鬼神的一類）等的八部大眾，還有王家的佛教信眾，如國王、大臣、富豪、學者等等，都集合在耆闍崛山會場，來聽佛陀說法。

《妙法蓮華經》所以要稱為妙法，因為全經所說的教義（法）是甚深微妙的。這妙法的法，是指「十界十如權實」的諸法。「十界」是地獄、餓鬼、畜生、修羅、人、天、聲聞、緣覺、菩薩、佛界。在這十界中，又各各具有十如是。

「如是」，是與真如沒有分別，好像是如實如常，本來就是這樣的。這個如是共分十種來說明，我們先就十界中的人間來說：人間一定有人間的相，這個就叫「如是相」；有了外相一定有相當於他的性質或本性，這是「如是性」；有了外相與性質，這就是體，叫做「如是體」；體必定含蓄著力量，所以叫做「如是力」；有力就會向外工作或作業，這叫「如是作」；作就是行為，以這作業為原因叫「如是因」；助成增長因的叫「如是緣」；由因與緣的結合而有「如是果」；例如人是由於前世的因，受了今生做人的果，可是同在人間的人，卻有貧富、賢愚、苦樂等等的果報不同，這是由於所受的報不同的緣故，所以在如是果之後有「如是報」；從如是相之本到如是報之末，完全是不變的真理，這是受自然法則所支配，無論如何都不能改變的，所以叫做「如是本末究竟等」。

從人間界具有十如的道理看來，其他九界各具十如也就可以明白了。

進一步說，十界當中，每界都具有十界，因為有「性具」與「性起」不同的關係。比如地獄界就具有其他的九界，而人間以上的善界，或出世的四聖法界，當然是都具有的了。可是他所具有的這些界，只可謂之性具，因為他們的起心動念，都是屬於惡的方面，由於光是有惡性的活動，因而才受地獄的果報。

反過來說，佛界也具有其他九界的性，但也只是性具，而不是性起，因為佛之所以為佛，是單有善的性起，所以才能放佛界的光明。這種說法，誠然是天台教理的巧妙真理，我們都應該把它時時刻刻地放在心上來觀察，因為這就是切實的修持，不可把它當作一種純理論來看。

現在放下地獄與佛界暫且不談，單從人間界中具有十界的道理來說，就可以看出人間在一界中是怎樣的具有十界了：

瞋　恚——地獄
貪　欲——餓鬼
愚　痴——畜生
嫉　妒——修羅
五　戒——人間
十　善——天上
四　諦——聲聞
十二因緣——緣覺
六　度——菩薩
究　竟——佛界

試從我們人類自己的內心來省察一下，就可知道在一日之中是有十界的因生起。人在一天之內，所生起十界的因，到底是生起人類以上與諸佛菩薩齊肩的善心多呢？還是生起人類以下地獄餓鬼的惡心多呢？

當一個人在早上起身的時候，總覺得心裡如朝日的上升，如晨空的澄清。到了早餐的時候，因了飲食的好壞，就會生起不平的心。當那瞋恚心的生起，就是地獄的心生了起來。及至向鄰人或家族起了爭執，就生起修羅鬥爭的因，生起愚痴畜生的因。感覺肚子在飢餓著，那就是生起餓鬼的心。人們受著外境的牽制，其淺薄的情形就是如此。

有一句話說「吾日三省吾身」，這個三省吾身的決心生起，就是人間具有佛性的證據，也就是有佛界智慧的開始，如是把其他的九界拿到我們自身上來比一比，則人間具有十界是很明顯的了。其他九界各各具有十界，準此也就可知。

拿權實來說，從十界中的地獄到菩薩的這九界，都是指的權，唯有佛界才是實。以迷悟來分，因為九界是權，所以是迷界；因為佛界是實，所以是悟界。因此，所謂妙法，就是指的這十界十如權實的諸法而言。

什麼叫作「妙」呢？換一句話說，不可思議叫作「妙」。不論是十法界或是十如是，都是天地間的自然法則，為一念心所具有。如果講到自然法則的話，那就不是外道的無因無果論了。十如是完全是照因果律所顯現的因果法。因此，從自己能顯現十界這一點來看，除了說它是妙法以外，還能說出別的什麼嗎？如果你造了地獄的因，就是你怎樣的厭惡它，也必然要感受那地獄的果報；造了畜生的因，就必定墮在畜生界中；這是自然的法則，既不是佛作的，也不是凡夫說離就能離的。由此類推，則造善因而感善果也是如此。這個都是十如是的法則，是不能移動的，法爾如是，三世古今，儼然長存，除了說它微妙不可思議，實在沒有別的可說。

如上所說的妙法，若拿我們人類的心來比一比，就可以知道十界的因，完全是由於一心的迷悟而升沉的，一點不昧因果律。如果能這樣的認清，就能發現觀音普門示現救濟的重大意義，而一心稱名的意思也就能更進一層的了解了。

什麼叫「蓮華」呢？

《妙法蓮華經》這名稱是羅什三藏法師翻譯的，梵語的原文是「薩曇芬陀利修多羅」，「薩曇」是「薩達磨」的略稱，「芬陀利」本叫「芬陀利加」，若要詳細知道，在《法華玄義》第八卷上，把「薩達磨」、「芬陀利加」、「修多羅」解說得非常詳盡。

「薩」，在羅什大師以前的竺法護譯為「正」，到了羅什大師時才譯為「妙」，「達磨」即是法，所以叫做「妙法」。「芬陀利加」譯為「白蓮花」比較正確，本來應該稱為「妙法白蓮華」，簡稱之為「妙法蓮華」。

把「妙法」與「蓮華」結合起來，是取「當體蓮華」與「譬喻蓮華」兩種意義。當體蓮華是取義於蓮華之入汙泥而不染，所謂妙法，本來就是清淨的，那個清淨的妙法，就好比入汙泥而不染的蓮華。譬喻蓮華是取義於花與實同時俱有。大凡一種植物，都是先開花，等待花落了的時候，才會結成果實。可是唯有蓮華當開花的時候，在萼的地方就已有果實的台座。以花果同時的蓮花，而來譬喻妙法的因果不二，九界眾生以迷為因，佛界以悟為果。

根據上述的十界各各具有十界的道理，佛界當中具有眾生界，眾生界當中具有佛界，從因中有果，從果中有因，生佛不二，因果同時，誠然像蓮花的花果同時生出相似，所以取義於譬喻蓮花。

什麼叫作「經」呢？

「經」的梵語叫「修多羅」，正譯為「契經」，就是在上能契合諸佛所說的真理，在下能契合眾生的根機，所以叫做「契經」。同時，經還有貫穿與攝持的兩種意思。貫穿是說如來說法的意義本來是一貫的，攝持是說如來普遍攝化眾生而沒有遺漏。還有如來金口說的教法，是亙古今而不易的，所以名之為「經」。

關於「妙法蓮華」四字經題的出處，在《法華經》的〈方便品〉中說：「如是諸佛如來，時乃說之，如優曇缽華，時一現耳。」「優曇缽華」，或叫「優曇缽羅華」，或名「謳缽羅花」，譯為「青蓮華」，這是一種祥瑞的花，雖然有這個名字，但在世間上通常是見不到的。相傳在如來誕生時，或金輪王出世時，這種花會一開即斂。如來開顯法華的妙法，好像是這希有的瑞花開放了，這在〈方便品〉中說得非常明白。

第四章 觀世音菩薩普門品釋名

普門的「普」字，是說觀音的眾德普具。「門」同是受觀世音菩薩慈悲救濟的眾生，有種種不同的類門。所謂「普門」，是說眾生的根機雖有千差萬別，而觀世音菩薩則能普應群機，無不示現。

「觀音」的這個名詞，有種種不同的翻譯。羅什譯為「觀世音」，稱為舊譯；雖同稱舊譯，但竺法護譯為「光世音」；到了玄奘大師，又譯為「觀自在」，稱為新譯。

這些不同的翻譯，哪一種是正確的呢？玄奘大師的翻譯似拘泥於原語，羅什大師的則是意譯。觀音的梵音本來是「阿黎耶阿縛盧枳低濕伐羅」（Āryāvalokiteśvara），現在逐字解釋如下：

「阿黎耶」，華言譯為「聖者」，是尊稱的意思。

「阿縛盧枳」，是觀照或注意的意思，所以簡稱為「觀」。

「低濕伐羅」，是堪能之義，如果做為名詞，就是指「君王」或「君主」的意思。

從上面的幾個解釋，取自在之義，稱為「聖觀自在」，略稱「觀自在」，較為正確一點。所以玄奘大師的《大唐西域記》說：「舊譯為光世音或觀世音，皆訛謬也。」

那麼，羅什大師翻譯的「觀世音」，難道就錯誤了嗎？那並不是的！我們從羅什大師的譯風來看，從經文所說這位菩薩的誓願來看，就可以知道他是沒有錯的了。如本品的經文，佛陀開始就說：「善男子！若有無量百千萬億眾生受諸苦惱，聞是觀世音菩薩，一心稱名，觀世音菩薩即時觀其音聲，皆得解脫。」「觀世音」的名詞，就是從這段音聲的文字而來的，而且這段文字在〈普門品〉中，又特別占有重要的意義。

在密教裡，說這位菩薩是司如來大悲總德，為阿彌陀如來的因位首座。通常彌陀左右的二大士，就是觀世音與勢至。觀世音是司慈悲門，勢至是司智慧門。觀世音與勢至都是為人所熟知的。

玄奘大師所以要把這位菩薩譯為「觀自在」的原因，是因為這位菩薩欲使眾生觀察諸法而得自在的緣故。

羅什大師所以要把這位菩薩譯為「觀世音」的理由，是因為這位菩薩觀察聽聞眾生的一心稱名，而來救諸世間憂惱的緣故。

羅什與玄奘二法師的翻譯，都很確當，都有意義。

其次，我們來談談觀世音的淨土，什麼才是觀世音的淨土呢？

原來觀世音的淨土，叫作「補陀落」，或作「補陀落伽」（Potalaka），通常都是稱補陀落的多。根據《慧苑音義》卷下說：「補陀落伽山，譯為小花樹山，這個山中，有很多小白花樹，其花芬芳，香氣遠播。」《華嚴探玄記》第十九卷上說：「印度名逋多羅山，此無正翻，以義譯之，則名小樹蔓莊嚴山。」在《十一面經》和《華嚴經》，都曾說到這個山。

因為觀世音信仰盛行於東方，所以在東方到處都有補陀落，南印度的南部、中國的舟山群島，都是東方比較大的補陀落。

在中國，文殊的淨土是五台山，普賢的淨土是峨眉山，地藏的淨土是九華山，觀音的淨土是普陀山，合稱為中國佛教的四大名山。在西藏首都拉薩的喇嘛法王宮為補陀落，說法王為觀世音的化身。其他供奉這位菩薩的處所，皆叫補陀落。從普門示現的誓願來說他的理想，那就是欲使這個娑婆世界完全成為補陀落。

關於觀音的異名，在諸經中有如下的稱號：

〈普門品〉中，稱為施無畏，或稱淨聖。

《請觀音經》中，稱為大悲施無畏。

《悲華經》中，稱為正法明如來，或稱為遍一切功德山王如來。

《觀音授記經》中，稱為大悲聖者，或稱救護苦難者，或稱普光功德山王佛。〈真言儀軌〉中，稱為大慈大悲主。金剛界曼荼羅中，稱為金剛菩薩。

我們知道了觀世音菩薩不同的名號之後，再來研究「菩薩」的意義。「菩薩」是菩提薩埵的簡稱，舊譯為「大道心眾生」，新譯為「覺有情」。僧肇法師《注維摩詰經》第一卷上說：「菩薩具稱為菩提薩埵（Bodhisattva），菩提是佛道之名，薩埵秦譯為大心眾生，有大心方能進入佛道，故名菩提薩埵。」《阿毗曇》說：「菩提云無上道，薩埵名大心，謂此人發廣大心，求無上道，救度眾生，故名菩薩。」《大論》說：「菩提名佛道，薩埵名成就眾生，以諸佛道成就眾生，故名菩提薩埵。」又說：「菩提是自行，薩埵是化他，自修佛道以化他，故名為菩薩。」

「菩薩」，譯為大道心眾生，或覺有情的意義，已經是明白的了。可是，《阿毗曇》與《大論》的解釋有所不同，現在辨說如下：

《阿毗曇》的解釋，謂菩薩發大心，是為救度眾生而求無上道的意思，這與普通所解釋的覺有情

「上求菩提，下化眾生」是相同的。但根據這個解釋，則菩薩似乎沒有究竟覺悟了的，但《大論》說：「菩薩用諸佛道成就眾生，故名菩薩。」則菩薩是已經覺悟了的，因為自己覺悟，才能用佛道廣度眾生而應病與藥。

我們現在所講的觀世音菩薩，如《大悲心陀羅尼經》中所示，他是過去正法明如來，，早就成佛了，由於大慈悲心的驅使，方才特地再示現菩薩，隨緣度化。這與一般為眾生而上求大覺的人，當然是很不同的，因為他是已覺悟的大菩薩。比較兩說，以《大論》的解釋較為確切。

普門的「普」字，是說觀音的眾德普具。實在說來，觀音不單是普具眾德，而且有大悲救濟的活力，所以「普」是普具大悲救濟之光，而到處應現的意思。

「門」同是受觀世音菩薩慈悲救濟的眾生，有種種不同的類門。所謂「普門」，是說眾生的根機雖有千差萬別，而觀世音菩薩則能普應群機，無不示現。中國古德說：「千江有水千江月，萬里無雲萬里天。」這兩句話，可做為觀世音菩薩化現三十三身普門示現的最好寫照。

「品」是品類，謂在同一部經中，區分為幾類，秩序井然，不紊不亂，如《法華經》分二十八品，藥王菩薩有〈藥王菩薩品〉，妙音菩薩有〈妙音菩薩品〉。〈觀世音菩薩普門品〉，是《法華經》二十八品中第二十五品。

第五章 無盡意發問

「無盡意菩薩」，是東方不眴世界普賢如來的補處菩薩。東方不眴世界是只有菩薩，沒有聲聞，沒有緣覺的國土。普賢如來是那裡的教主，這位菩薩是在如來之下，輔助教化的。

這部〈普門品〉從頭到尾說的都是觀世音菩薩的信仰，全文分為長行與偈頌兩大段。長行是散文的體裁，偈頌像韻文體的詩歌。因為偈頌是長行的複述，所以，〈普門品〉中的要旨完全包含在長行中。長行又分為兩段問答：第一段是無盡意菩薩問觀世音菩薩以何因緣而得名；第二段是問觀世音菩薩在娑婆世界是以什麼方便而為眾生說法。現在將第一段的發問解釋如下：

> 爾時，無盡意菩薩即從座起，偏袒右肩，合掌向佛，而作是言：「世尊！觀世音菩薩以何因緣名觀世音？」

這是無盡意的問話，也可以做為本品的序分看。

「爾時」，是指什麼時候說的呢？依知禮大師的《觀音義疏記》上說：佛陀在講完東方〈妙音菩薩來往品〉，而即將開講西方〈觀世音菩薩普門品〉的當兒。爾時，就是指那個時候。還有一種說法，是說佛陀的弟子聽完了〈妙音菩薩來往品〉，歡喜踴躍以後，希望再聽一點觀世音的發心來生起大眾的善心之時，爾時即指大眾均在希望之時。所以，爾時有如上二義。

〈普門品〉是《法華經》中的第二十五品，前面第二十四品是〈妙音菩薩來往品〉，在那品末尾曾這樣地說：「說是〈妙音菩薩來往品〉時，四萬二千天子得無生法忍，華德菩薩得法華三昧。」〈普門品〉上的爾時，可以取前義。

〈普門品〉是〈妙音菩薩來往品〉的姊妹品，前品妙音菩薩現色身三昧在三界六道中，到處示現，說法度生；本品是說觀世音菩薩示現色身三昧，隨類化身，說法度生的情形。

「爾時」雖然普通的看法，是二十四品講完，二十五品開始之時，可是，在獨立讀誦〈普門品〉的時候，不一定說爾時是二十四品講完之時。所以，從佛方面講，爾時就是佛觀機當講〈普門品〉之時；在眾生方面講，爾時是眾生因緣成熟要聽〈普門品〉時。其實，不管什麼時候也是爾時，爾時是無限的。

「無盡意菩薩」，是東方不眴世界普賢如來的補處菩薩。東方不眴世界是只有菩薩，沒有聲聞，沒有緣覺的國土。普賢如來是那裡的教主，這位菩薩是在如來之下，輔助教化的。可是現在他受了如來的慈命，到娑婆世界來輔佐佛陀的教化，因此靈鷲山法華會上的坐列之中，也有他的一席。現在由他出現發問觀世音菩薩的因緣，意義是很深遠的。

「無盡意」，是沒有窮盡，無量無邊的意思。因為這位菩薩以世界無盡，眾生無盡，業界無盡，而菩薩度生的悲願也無盡，所以叫作無盡意。

照以前所說，法華的妙理是諸法實相。不知萬象是由差別因緣所生的假相，而執著為有，那是凡夫的迷界。依因緣的存在，執一切皆空，這是小乘或權大乘。在實大乘中，從萬物差別來說，不偏於有；從萬物一體來說，不偏於空；認為無盡相關的萬物，都是諸法的實相。天地萬物都是相施相惠以利他，這實在全是菩薩的慈悲願行。僅利益自己，此乃聲聞、緣覺不明白世界相施相惠的原理。這位無盡意菩薩，以無盡的大悲，濟度無盡的眾生，此無盡即是大乘的根本之義。觀世音菩薩名遍十方，望重群賢，普門示現，悲願無盡，所以由這位菩薩提問，意義實在深長。

「即從座起」，將要聽聞佛陀說法的時候，無盡意菩薩從自己的座位上起來，偏袒右肩，合掌向佛，端正頂禮，這是向佛陀問法的開端。

在《觀音義疏》中說：「空即是座，於此空無所染著，故謂之起。」這位菩薩，就是常以諸法皆空為座。原來，離開有空二邊才能證得中道的實智，所以於諸法皆空之座亦不染著。諸法皆空是平等門，現在無盡意菩薩奉東方不眴世界教主普賢如來之命，到靈鷲山釋迦牟尼佛的法華會上應機發問，因此從平等空座而起，現起差別眾生的有門，所以說「即從座起」。

「偏袒右肩」，這是披搭袈裟的樣子，以袈裟覆蓋左肩，袒露出右肩的姿態。在印度，袈裟所以要露出右肩，那是為了做事的時候比較方便，以及保持莊重的儀表，有表示恭敬的意思。

依《觀音義疏》的解釋，覆和露，是表空假二諦的權實二智，空諦是實智，實智是不可說，所以左肩覆蓋；假諦是權智，所以右肩露出。或者說，左肩表禪定，右肩表智慧。現以袒露右肩，即是從禪定起而開放智慧的光明。

「合掌向佛，而作是言」，合掌，又稱合十，即雙手的手掌十指相合，是印度自古所行的禮法，集中心思而表達恭敬的意思。進一步地解釋合掌，兩手十指相當於十界，把它合而為一，成為十界一如，表示眾生與佛、迷與悟是不二的。

無盡意菩薩從座而起，偏袒右肩，合掌向著法王座上說法的三身具足的釋迦牟尼佛，起如次的發問，即是「而作是言」。

現在所說三身具足的釋迦牟尼佛，關於三身之義，實有一說的必要。

三身：就是法身、報身、應身。法身是真如之理，體驗到這個的，即是圓滿法身；以體得之理而顯佛智是為報身；隨緣應現，廣度眾生，是為應身。釋迦牟尼，就是具備了這三身之德。

從「爾時」到「而作是言」，是本品的序分。從「而作是言」以下的長行，到後面重頌的複述，乃至直到重頌最後的一句「是故應頂禮」，是正宗分。自「爾時持地菩薩」以下，是流通分。

「而作是言」以下是無盡意菩薩向釋迦牟尼佛的問話，也就是正宗分的開端。

「世尊！觀世音菩薩以何因緣名觀世音？」

這是無盡意菩薩問佛陀：「觀世音菩薩究竟是以什麼因緣而得名觀世音的呢？」此處經文並不需要特別解釋，只須來解釋「世尊」。

釋迦牟尼佛，是三界的導師，四生的慈父，於世出世間最尊無上，所以叫做世尊。世尊就是如來十號的總稱，這十號是據如來之德而立的十種尊稱。就是如來、應供、正遍知、明行足、善逝、世間解、無上士、調御丈夫、天人師、佛。

如來——從真如實相而來。

應供——具有受一切眾生供養之德。

正遍知——得平等正覺。

明行足——具足妙行。

善逝——如實去彼岸，不再退沒生死海之義；猶如妙德，以無量智慧，而能斷諸煩惱，以趣佛果。

世間解——具足世出世間之智。

無上士——超出一切有情，最勝無上。

調御丈夫——調御一切煩惱魔障的大丈夫。

天人師——為一切人天師表。

佛——是佛陀的略稱，又作浮圖；譯為覺者。覺有自覺、覺他、覺行圓滿的三覺。自覺是自己得到菩提涅槃的妙果，再來教導一切眾生是覺他，以此二覺圓滿，名覺行圓滿。所謂三覺圓，萬德具，即稱為佛陀。

第六章　佛陀應答

佛陀講經全以人間為對象，觀世音菩薩是娑婆世界大慈大悲的救主。世間的人，在每一天之中，有時生起瞋恚的地獄心，有時生起貪欲的餓鬼心，有時生起忤逆亂倫的獸性心，所以人間就具有了四惡趣。

佛告無盡意菩薩：「善男子！若有無量百千萬億眾生受諸苦惱，聞是觀世音菩薩，一心稱名，觀世音菩薩即時觀其音聲，皆得解脫。

這段文是釋迦牟尼佛的總答，是一卷〈普門品〉的大綱。觀世音菩薩的悲心和誓願，眾生稱念的方法和得益，完全包含在這段文句之中。〈普門品〉中，即以此為最重要。而且，翻譯觀世音菩薩名號的由來，也是從這段文中來的。

「佛告無盡意菩薩」，就是釋迦牟尼佛回答無盡意菩薩的問話。「善男子」，就是直指無盡意菩薩。這段文中，包含了三點要義。其中「眾生」與「諸苦惱」，實有先來說明的必要。

「眾生」，梵語是「薩埵」，是一切生物的命名。稱一切生物為眾生有三點理由：

(1) 與眾共生於世。

(2) 眾多的因緣和合而生於世。

(3) 受生於眾多之處。

「眾生」這一名詞本是舊譯，玄奘的新譯改為「有情」，以別於一切無生之物。

在本文裡說有無量百千萬億眾生，如地獄界的眾生、餓鬼界的眾生、畜生界的眾生、修羅界的眾生，這些被苦惱煎迫著的四惡趣眾生，實在已有無量無數。但佛陀講經全以人間為對象，觀世音菩薩是娑婆世界大慈大悲的救主，那些眾生在人間也可以看出來。好比世間的人，在每一天之中，有時生起瞋恚的地獄心，有時生起貪欲的餓鬼心，有時生起忤逆亂倫的獸性心，有時生起爭鬥好戰的修羅心，所以人間就具有了四惡趣。

「諸苦惱」是指後面所講的七難、三毒等苦。因為這一節是總答，下文才來分別解說。所說的那個苦惱有個別不同，除了七難、三毒之外，尚有四苦、八苦等。這些苦惱完全是人間內心的地獄苦惱、餓鬼苦惱、畜生苦惱、修羅苦惱。然而，要詳細看看這些苦惱的本源，就可知道這都是由於求生的欲望而起。

人要求生，沒有比得上這種欲望更強大熾烈的，所以這個欲望即是引起一切諸煩惱的來源。

「聞是觀世音菩薩」，這一個「聞」字，是從「耳根圓通」一義而來，「耳根圓通」與「一心稱名」、「皆得解脫」，為這段總答文中的三大要義。

「聞是觀世音菩薩」，是說眾生聽聞觀世音菩薩的名號。眾生若聞之而稱名，則觀世音聞其音聲，使之皆得解脫一切苦難。「聞」字，眾生聞觀音，觀音聞眾生，菩薩與眾生相聞相應，於是就顯示了感應道交之妙。由於耳根所聞，菩薩與眾生才能感應融通，所以叫耳根圓通。

《楞嚴經》中說聞字有三真實：

(1) 通真實：耳與目不同，有障礙物，目所不見，耳卻能聽聞一里之外的音聲。

(2) 圓真實：目只能用在正面看，而耳朵不管前後左右，都能聽到聲音。

(3) 常真實：過去的事能夠傳到現在，現在的能夠傳到未來而能不變。

這三點皆是耳根優勝之處。

又可以這樣說：娑婆世界的教化，以聞音為主。為救一切眾生的苦惱，所以觀世音菩薩含有為娑婆世界人間救主的意義。

「一心稱名」，這是說眾生如果一心稱念觀世音菩薩，就能被此菩薩救濟，關於這點，應該要特別的注意。

先說「一心」，一心就是念於心中的那一種念。念念與觀音合而為一，沒有他念混入，叫做一心。其次說「稱名」，稱名是指稱念「南無大悲觀世音菩薩」的名號。一心稱名，務必要注意稱名之上所冠的「一心」二字。心念是根本，要念到我是觀音，觀音是我，而不覺出之於口，那才是稱名的音聲。有人說，一心稱名，我們只要心中稱念，口不必出聲，豈不是也可以嗎？如果這樣講，這是迷於理和違背自然的說法。常聽人說：「只要你心誠，你不求菩薩，菩薩也會保佑你。」這種話不能不說是他錯誤的想像。不過，這句話也可做為只是口頭稱念，而不誠心的一種警策之言。

我們的身心本來就是一如的，所謂誠於中，形於外。現在眾生假若有誠誠懇懇的一心，必定發之於外，而為稱名的音聲，這是自然的道理，也是稱名的真義。不但是如此，真誠懇切之念愈深，就愈能體驗到大悲感應賜給的安慰。一旦達到那種境地，就是叫你不要稱名，你也不知不覺地流露出感激之聲來了。好比是遇到一個凜冽的寒天，或是一個炎熱的暑天，雖然不是有意的，可是在你不知不覺間，口中自然會說出冷呀熱呀的話來。

現在我聞淨聖（即觀世音）之名而稱念，淨聖聞我一心稱念之聲而施救，這是耳根圓通。從口頭必定要發出「南無大悲觀世音菩薩」，方能達到聞字的真義。

細細玩味關於「一心稱名」這四個字，第一必定要把自己這個人親切地了知。佛教所講的世界問題、宇宙問題，那是第二、第三的事哩！

學佛，就是學自己。一切都是自己一人的問題。到底要把自己做成怎樣的人呢？若不細細想這個問題，就找不出一個著落來；可又不能等閒視之，那麼，本心就現出來了。《起信論》上來說，因為救濟被無明隱蔽的自己，通常謂之真如緣起；然以無明為中心，又可說是無明緣起。

簡單地來說，就是《起信論》、《唯識論》也不是說宇宙的問題，而是說自己的問題。《起信論》所說的無明，《唯識論》所說的阿賴耶識，都是指自己心中所存的「我」的異名。

為求自我的解脫，就要想出種種方便來救度那個從我方面而執著的自己。因為有這樣的關係，所以才有《起信論》、《唯識論》之作。佛陀四十九年的說法，三藏十二部的經典，歷代祖師的出世，無非也是為了這個問題。

所以這一卷〈普門品〉，是完全為了救度一切眾生的「我」，除此而外，也無其他。

在前文「諸苦惱」中說，「欲望」是一切苦惱的來源。但進一步追問：「欲望又是從什麼而來的呢？」這可以肯定地說：「是從有我而來的。」眾生執著無明的我，是「我執」；從我執生起我所有，這是「法執」。眾生在迷途上徬徨，受一切的苦惱，造一切的罪惡，均由這「我執」與「法執」而來。

真實地來說，人在世間上，就好像是空花水月，或是一場戲，只是虛偽而沒有真實。把一個我，完全給貪瞋邪惡占滿。這一個醜惡的自己、汙穢的自己，是很不容易看出來的。若要觀察它，必須要以真實不虛的大悲明鏡來顯照。這個真實不虛的明鏡，即是朝念暮念，不離大悲觀世音的慈顏和名號。

我執與法執實是無始劫來的無明煩惱，業繫苦相。在人間的凡夫若想把它斷除，成為無垢清淨，幾乎是不容易看出來的。唯一能看出來的，只有一個時候，就是轉有漏為無漏，捨生死得涅槃的時候。

人把死擺在眼前，知道即將要死的時間，那是最神聖的，最真實不過的。

人們常說「人之將死，其言也善」，即使是一個罪大惡極之人，在他將要死的一剎那，也會立刻轉變過來的。我們不要詛咒死，死是誰也免不了的，有生必有死，生死是世間的實相。問題不在於死、不死，而是在於死時有沒有把握，有把握的死又有什麼可畏？

死是人一生的最終，像是炮轟的一聲響，在那時候，沒有什麼值得你留戀的，好像是紅爐上的一點雪花，所有的東西都沒有價值，天下的財寶都將與自己無關。

所以，人若好好地來想想，實在是很孤獨的！跟隨自己的唯有一生的善惡業，其他什麼都沒有。在世的時候，一切欲望、苦惱，皆由我法二執生起，遇到即將命終之時，你所妄執的一切，沒有哪樣是你的。想到這點，在生之日何必去妄執這樣那樣，而自尋苦惱呢？

「即時觀其音聲，皆得解脫」，這是說解脫的什麼呢？這是說解脫諸苦惱。

這個解脫並不是像解除有形的束縛叫做解脫。

我們皈依大悲淨聖，依照前面所講的一心稱名之力，就能解脫諸苦惱，這有兩種利益：

第一種利益是若能將虔誠的真心、口頭的稱念、端正的合掌，把這三業合而為一，這樣一心稱名，即能感得悲智圓滿，不為煩惱汙水所染的觀世音菩薩的慈光攝取。我們的身心就會遠離根本的苦惱、無明、惡業。日常有了那純潔崇高的信仰，一切的淨業即能成就。

這是由一心稱名之德所來的第一解脫。

第二種利益是根據因果歷然分明的道理，眾生即使身在生死之中，受著苦惱的果報，如能充滿至誠，一心稱名，必然就有不可思議的感應，不覺其苦為苦，而從苦惱中解放出來，這是第二種解脫。

觀音靈感功德是很大的！一心稱名即能解脫一切的苦惱。因為我們給與生俱來的苦惱終日纏繞著，不能離開，唯有以一心稱名的力量，雖有一切的苦惱，亦能忍受，這就是功德的自然顯現，這就是皆得解脫的功德，這就是從一心稱名的至誠而修來的功德果。

不管是耳根圓通也好，一心稱名也好，皆得解脫也好，都不是單從理論上去解釋的，歸根到底，還是身口意三業的相應。如果一心稱名，自然就有因耳根圓通而承受解脫的妙果，所以欲達到身心歡喜的時節，必須一心稱名。

講到解脫苦惱，能使自己達到自由自在的境地，一般人覺得不大容易，其實，人們給我執的繩索、煩惱的枷鎖，重重地束縛著，一點得不到自由，當然是很苦惱。但是，這個繩索或枷鎖絕不是從外而來束縛我們，而是我們自己給自己用繩索和枷鎖綁起來的。過去有一個人這樣問：

「和尚！請你指示我解脫的法門？」

「誰縛汝？」和尚這樣地反問。

從這反問中，可知沒有誰纏縛著我們，完全是自己纏縛著自己，即是所謂自繩自縛。

我們既然知道是自繩自縛，如果能以平等之心解除我執的繩，以慈悲之念打斷煩惱的鎖，則觀世音即時示現給你解脫了。

去除我執的心，獲得自他平等，體認到我就是一切眾生，一切眾生就是我，到了這種平等大悲的境界，我們的心的確可說是脫離汙穢而變成清淨的了。

這時，觀世音的心就是我的心，如果我心與菩薩心合而為一，自然就脫離我執所受的苦惱，棄捨妄念所起的雜慮。如是清淨之心，叫做一心。所謂一心，就是唯一不二，沒有兩樣的心，唯是一念清淨，沒有絲毫的迷妄，這是由於一心稱名所得的心境，也就是觀世音給你苦惱的一切解脫。

第七章 冥益

七難以下，皆是說明身口意三業的觀世音的冥益，起初七難是從外來的，所以在口稱誦觀世音菩薩；三毒是從內起的，所以在心常常觀想憶念觀世音菩薩；二求願是身求，顯示身行恭敬禮拜。此即把身口意三業一致相應，由此而能受冥護的利益。

一、七難

「若有持是觀世音菩薩名者，設入大火，火不能燒，由是菩薩威神力故。若為大水所漂，稱其名號，即得淺處。

這段是說冥益中的七難。七難即是火難、水難、風難、刀難、鬼難、囚難、賊難。

這裡先講火難與水難：

照本文看來，若有執持觀世音菩薩名號的人，無論在什麼大火之中，也不會害怕火的燃燒，這是由於菩薩的威德神通之力的緣故，這是很容易了解的。持名的「持」字，是執持、念持的意思。以恭敬誠懇，堅定來持誦觀音的名號，即是一心稱名之義，所以「持」字為一非常有力的字。

我們若要免除一切災難的話，必須要信仰觀音的存在、觀音的威神之力、觀音的靈驗功德，不是這樣的信心，則不易得到菩薩的感應。

這七難全是從外界而來，全是由我們的心所招致。好比火難，就像是心中的瞋火。《佛遺教經》上說：「瞋恚之害，能破諸善法，壞好名聞，今世後世，人不喜見。當知瞋心甚於猛火，常當防護，無令得入。」這瞋煩惱就好比猛烈的大火。火宅似的三界，也由煩惱的熾盛而來。這瞋恚的火不是在外邊，而是在自己的心內。瞋恚到厲害的時候，引起對人的怨恨，由怨恨而發出行為，對他人產生種種的危害。這從道德上看，既不是一種好的事，從信仰上看，更不要說了。所以瞋恚之害，能滅諸善根。

瞋恚之火是怎樣生起的呢？是老執著自己，為著自己，從我慢而起的。

有一個人，向有名的盤珪和尚這樣問：

「我有一種容易發怒和天生暴躁的毛病，真是沒有辦法，請你用個方法替我醫治好嗎？」

和尚說：「噢！這病倒是希奇得很。天生就會暴躁，更是有趣。老衲卻沒有看過暴躁的病是怎樣的。你拿出這暴躁的病，給老衲看一下好不好？」

和尚這話說得那個人非常窘困。

「和尚！那是做不來的，這種病怎麼能夠拿得出呢？」

「你看！我要你拿出來，你卻拿不出來，可見它不是天生的病，是由於瞋恚而起的呢！」

這一句話說得那個人目瞪口呆，暴躁的毛病從此也就好了。

照這樣看來，暴躁也是我們的火。

這段文有火難與水難的二難，持念觀世音菩薩的名號，設入大火，火不能燒；設為大水所漂，稱其名號，即得淺處。古來祈求免火災、水難，也就是根據這段經文來的。

照前面所講，火水不限定就是有形可見的火水，好比我們受了他人的詈罵、侮辱，瞋恚的火就在胸中燃燒。心裡一發怒，則義理人情一點都不顧及，這就是無形的火，假若再高聲地回罵起來，表現在面容上的怒相，那豈不就是有形的火嗎？

古人說：「瞋恚之火，能燒功德之林。」人若能壓制了瞋恚之火，有著從容不迫和安靜的心，就會明白義理人情了。所以平時能夠降伏瞋恚的念頭，則不論遭遇到任何逆境，自己都能保持坦然平靜的心胸，那就算超越了毀譽褒貶，達到蘇東坡所謂八風吹不動的境地。

我們可以這樣試想，假使人家罵我，我就發怒，你和對方站在同一地位，對方實際上是一位君子，他來責罵你，那就是你自己的不對；若對方是一個小人，你把自己也站在同等的地位，那就更不如他了。所以君子批評我們的時候，應該反省，這是我們的錯誤；小人批評我們的時候，不要和他一樣的見識而去認真，如此什麼怒火也就不會燒起來了。

然而，人類即使知道這個道理，實際是做不到這樣子的。日常生活中，雖然一點點的小事，被人家說了些什麼，心頭就會不自主地發怒，怒火一起，什麼心愛的東西都可將它毀壞，實在說，人類的心就是三界中的火宅一樣。

人的心中因為有了這欲望的火燄，有時不能如自己的希求，忿怒的火就燒起來。不能如意，這本是娑婆世界的常情，若要息滅這些心中的火窟，唯有用智慧的水澆潑。

世間是不能如意的，能如意的只有我們的心。我們的心雖是如意的，但有時因處理不善，而又不如意起來。由於不能如意，所以就苦惱煩悶。探求它的原因，是因沒有修得真的智慧。智慧不夠，對於事物的看法，常常把它看成兩個以上，想要這樣做，又想要那樣做，於是蓋覆了內心智慧之光，而生起種種迷惑、煩悶、苦惱。

宇宙的萬象雖有差別，但它的本源則是一個，如把這本來從容安靜的心恢復到自他絕對的平等上去，則生死、苦樂、快不快意等，固然都不能令我們動心，就是宇宙的一切差別現象，也就都不能夠迷惑我們了。果然這樣，可說已修得大智慧。由於這種智慧，不特能夠有忍受一切毀譽褒貶的大勇猛心，並且利益一切的大慈大悲的平等心亦生起來了。由這慈悲心運用大智慧，就能勇猛發揮而表現於行為了。

觀世音菩薩不單是大慈悲的權化示現，而且以大慈悲，運用大智慧和大勇猛來解救眾生。若能以這菩薩的心做為我們的心，其威神之力（就是藉這菩薩的大慈悲救度眾生的勇猛不可思議的威力）就能到達雖入大火，大火亦不能燒的境地。古人說：「滅卻心頭念，火燒亦清涼。」就是這種境界的形容。

可怕的瞋恚之火已如前面所說。當這瞋火將要燃燒我們身心的時候，我們如果一心稱名，以此稱名功德，就能免除火難，這不也是由於菩薩的威神之力嗎？「威神力」，就是慈悲力、智慧力、勇猛力。其中慈悲，可以稱為悲水，就是以水比喻菩薩的慈悲。

在胸中瞋恚之火燃燒起來的時候，如果一心稱名，觀音的威神力就成為悲水，而來消滅瞋恚之火。

「若為大水所漂，稱其名號，即得淺處。」這是七難中第二——水難。眾生若在大洪水中漂蕩，將要遭受溺死之苦時，如能一心稱名，就可到達淺處而被解救。大洪水，不僅限於河中，也可看作漂於大海之義。

這個大洪水，仍然可以從精神上去考察：

我們是在生死大海中漂蕩著，貪生厭死，是人之常情。尤其我們陷在愛欲的水中，而這愛欲之水，最易導人走上迷途。在這個世界上，有著種種的愛欲在誘惑著我們，因而不知有多少人，以此招致身敗名裂。

《四十二章經》中說：

「人懷愛欲，不見道者，譬如濁水，以五彩投其中，致力攪之，眾人共臨水上，無能睹其影者；人以愛欲交錯，心中濁興，故不見道。」

「汝等行者，當捨愛欲，愛欲垢盡，道可見矣！」

「使人愚蔽者，愛與欲也。」

因為人間存愛欲，所以古往今來有無數的人為此誤入迷途，有無數的人為此不能上進，甚至有的把家和身都毀滅了。但是，這愛欲究竟是怎樣生起的呢？我們知道，瞋恚是由於不高興而起，反過來說，愛欲就是從歡喜而起。如為愛戀心愛的情人，而對他人做出不講義理的事情，甚至於雙親的意見、友人的諫言，都把它一腳踢開。社會上很多的青年男女，為此而不顧事業，不管前途，像這樣沉淪於可怕的愛欲之中，就是身敗名裂的根本。

沉溺在愛欲漩渦的人們，大都是從頑強的我愛來的，如把我愛稍稍轉為稀薄一點，像觀音那種「但願眾生得離苦，不為自己求安樂」的悲心，則自然不會因自己的情欲而有不利於他人的事情發生。

話雖這樣說，但我們畢竟幾乎都漂流在愛欲的大海中，已經快要到達沉沒的地步，但我們仍然執持我執、我見，不知自覺，不知回頭，真是可嘆！

如在這個時候，想起觀世音菩薩的平等大慈悲心，把彼此的貪愛之心一下子捨掉，則我們的心光猶如明鏡，就可以得到雖映現萬物，而不執著萬物的大智慧，也就有了斷除愛著的大勇猛心。照道理再不會有愛與不愛的差別，一切都是平等，沒有美醜的觀念，沒有憎愛的區別，便更能夠斷除為生死根本的一念貪愛。這樣，本是沉淪在愛欲的大海，漂蕩在驚瀾怒濤中的生命，也就能夠漸漸地浮到淺處了。

從這個愛欲的大海，漂浮到淺處，除了一心稱念觀音的功德，是很不容易找到其他的方法來救濟的。

「若有百千萬億眾生為求金、銀、琉璃、硨磲、瑪瑙、珊瑚、琥珀、真珠等寶，入於大海，假使黑風吹其船舫，漂墮羅剎鬼國，其中若有乃至一人稱觀世音菩薩名者，是諸人等，皆得解脫羅剎之難。以是因緣，名觀世音。

這段文是七難中的第三——風難，又叫做羅剎難。這裡所謂大海，是眾生為了探求寶貝而經過眾寶所聚的大海，這個大海就是所謂佛的大海。寶貝的數目有金、銀、琉璃、硨磲、瑪瑙、琥珀、真珠等。這些寶貝都是希世的珍品。

就其中的硨磲來說吧，硨磲叫寶石，它的形狀說是像個車齒，質地非常的堅固，顏色非常的光彩，和真珠同樣，是貝類所產。雖然這裡說的是有形的寶石，而實際上指的是精神上的聖財。

1. 信財

《大智度論》說：「佛法大海，惟信能入。」《華嚴經》說：「信為道源功德母。」學佛者如沒有虔誠的信心，那斷不能得渡佛法大海的。信的反面是疑，如疑心生起來，就煩悶懊惱，迷失所應行的大道。末了不行正道，所謂失之毫釐，差之千里；以一線之差，就會踏入迷途。所以一念虔誠的信心，比什麼都可貴。假使心中猜疑，不但不能起信，反而生起邪念，一旦如此，往昔專誠的信心，所獲的一切效果，到這時候都將會失去。唯有信才是去疑遣迷的最好方法，所以應以金剛不壞的心來相信。

2. 進財

進，詳細地說，應為精進。精進，是精勵進取之義，即向正道精勤努力地走去之謂。如果不明白此義，再好的宗教也不會有所得。俗諺說得好：「流一滴汗，有一分的收穫。」沒有精進，絕不能得到真實的法味。

3. 戒財

戒是防非止惡的意義。嚴持佛陀的教誨，一點不能毀犯，操行方正，遵守一切世間出世間的規律，即是戒財。如果不依規律，就是放縱，放縱自然就會墮落，自然就會有不正的行為，所以，戒為一切正當生活必要的規則之寶。

4. 聞財

聞是知的第一步功夫，人若不求知，不受教，則與禽獸相等。聞教，才能知理入道，要知道世間上沒有不聞教而能入道的人。但是，在聞教的時候，又不能沒有虛心，虛心者，虛己以接受他人也。這是聞教進道的必備條件。聞了教以後，必須要如理地去實踐實行，才能得到真正的受用。此處即指由聞而思，由思而修的三慧而言。

5. 捨財

在佛教中，行慈悲的時候，以捨為最重要。捨的反面是取，取是堅持執著，如果在我們施捨的時候，有一種希望得到報酬的心，那即是取，而不是捨。我們在施捨的時候，要如太陽的光熱，無條件地照耀著大地上的萬物一樣，不這樣就不行。所以菩薩必須要具有四無量心，慈能與樂是慈無量，悲能拔苦是悲無量。行慈悲的時候，一定要知道，這不是別人叫我做的，也不是別人勉強我做的，而是我歡喜這樣做的，這是喜無量。如果帶有不願意或不高興的心情去與樂拔苦，那不叫做慈悲。在慈悲歡喜施捨的時候，沒有要求報酬的心，這才叫捨無量。

6. 慧財

慧財是智慧的運用，也叫定慧財。定慧就是止觀。定則攝心不散，止諸妄念；慧則照了諸法，破諸邪見。智慧好似是行路時的眼睛，這個眼睛如果昧了，向什麼地方走都不明白，所以在《大智度論》中關於佛法的修行曾這樣指示：「智目行足。」有智沒有行，是跛者；有行沒有智，是盲人。不管是跛者、盲人，都不能夠行路。如果盲人背跛者，則智的目，加上行的足，才能夠相助前進。好比有了進財、戒財、捨財，沒有這個智慧的目，也不能夠前進的。

7. 慚財

慚財，就是慚愧。《集論》中解釋說：「慚者，於諸過惡，自羞為體；愧者，於諸過惡，羞他為體。」沒有慚愧的心，則不能入道。《佛遺教經》中說：「慚恥之服，於諸莊嚴，最為第一。」沒有比得上感覺慚愧的心再善美的了。這種心生起，實在可喜。如果慚恥的心生起，則恭敬的、禮貌的心也就生起，而信心也跟著生起了。做一個人假使沒有慚恥的心生起，那實在是很可憐的！慚恥的心才是佛性，因有了這種心，才能夠切實地去實踐智慧、信仰、道德。

以上七種叫作「七聖財」。依據諸經，這種教法有很多不同的解說，在你想要獲得這七種聖財，進入佛道修行的時候，如果忽然一陣黑風吹來，這黑風即是無明煩惱的迷風，或是一切魔障的惡風。你若沒有堅定不移的心，那麼你要說：「我真傻瓜！上當了！」「學佛有什麼用呢？」「就算得了這種修行，也不中用！」對信心起了懷疑，對於精進生了怠念，對於戒律而去毀犯，胡作妄為，都將隨此而起；對於捨又執取了，對於慧又愚痴了，對於慚又沒有恥了，把可以進入大道的心，導向驚濤駭浪之中，漂流到羅剎鬼國去了。

「羅剎鬼」是梵語，此云「食人鬼」，即是能吃人的鬼。

「船舫」的「舫」是兩個並合起來的船叫舫，一般都說是船。這是將色心合而為一，以此喻人的身體。現在這船給狂風吹得歪斜，像是極其危險的樣子，這是無明煩惱的迷風，在心中掀起貪瞋痴三毒的波浪，這即是惡鬼羅剎之心。假若在這時候有一個人，生起「南無觀世音菩薩」與「平等大慈」的心念，那無明煩惱的狂風就將停息，貪瞋痴的三毒波浪就將平靜，而得解脫這個苦難。所以說：

「以是因緣名觀世音。」

「若復有人臨當被害，稱觀世音菩薩名者，彼所執刀杖尋段段壞而得解脫。

這是第四——刀難。

若人面臨到傷害或殺害的時候，能稱念觀世音菩薩的聖號，那個刀或杖就會一段一段地折壞，既不能打，又不能殺。這個刀杖也絕不是指的有形的刀杖，而是指害人的驕慢瞋恚之心。驕是自高自大，慢是恃己凌他。讚自己，謗他人，對比我好的人，不由自主地生起妒忌，這就是刀。瞋是怒目，恚是怒心，這種忿怒的心，就是打人的杖。如果他人以這種心來壓迫我，而我卻以慈悲心去對待他，那他的刀杖，自然就等於斷壞，不能發生作用了。

所以佛陀說：「雖以一夫能勝千敵，不如在未勝之前忍辱。」又說：「若以爭止爭，終不能止，唯有能忍，方可止爭。」

江蘇江都地方，有一個老太太王氏，在年輕的時候就茹素學佛，信奉觀世音菩薩非常虔誠。十八歲的時候，嫁給劉文藻為妻，生了三子一女。後來文藻死去，他獨自把子女撫育成人，為長男娶了媳婦霍氏。霍氏自從入門以後，氣勢凌人，驕橫傲慢，常常目無尊長，輕侮王氏。王氏以觀音的悲心為心，毫不為意。反而溫言獎譽，備至推崇。有一天，鄰人看不過去，向王老太太說：

「你的兒媳，怎麼對你毫無孝敬之心？」

「我家的兒媳非常賢良，他並沒有不孝敬我的地方。」

霍氏偷偷地在房外聽到婆婆王氏的話後，生大慚愧，非常懊惱！從此，他那像刀劍似的心，就為婆婆的這種忍的柔軟妙方而折斷了。

這種忍是從什麼生起的呢？是從平等大悲的一念心中所生起的。《法華經》中有一位常不輕菩薩，當他見到人的時候，必定要說：「我不敢輕慢汝等，汝等皆當作佛。」你即使如何地斥罵他，誹謗他，他還是向你說：「我不敢輕慢汝等。」

有時，眾人或以杖木瓦石擲打，他還是高聲地說：「我不敢輕慢汝等，汝等皆當作佛。」因為他常說這種話，所以眾人都喊他為「常不輕」。

「汝等皆當作佛」這句話，是對於別人人格的尊重，能夠尊重別人的人格，自然就不會對人生起驕慢瞋恚之心。當知這位菩薩就是釋迦牟尼佛，他以此警覺一切眾生。

平等的慈心，就是觀音的心，如果有這種心，別人怎麼能夠加諸刀杖呢？以這種平等大悲的心，願意把自己的一切，甚至生命都施給一切眾生，那個生死之苦在他的眼目中，自然是無所謂了。「平等大悲」，是我們所行的道，唯有這個道，才是永遠的正道。為著這個道，我們應該很歡喜地把生命貢獻給他。

能體會這永遠大道的，是大智慧，從大智慧迸出大慈悲，以至從大慈悲奮起大勇猛的心。

有大智慧，即能通達諸法實相的道理，如能通達諸法實相的道理，則生死如同大海中湧來湧去的波浪，是一切因緣和合的假諦。波浪在大海中雖然湧來湧去，可是，大海中的水，一滴也沒有增加，一滴也沒有減少，而且波不離水，水不離波。就好像覺悟到生死輪迴的此身，當體證得不生不滅的涅槃，再沒有勞心生死的必要。禪宗把這個稱為大死一番的覺悟。

「大死一番」，是洞悉了生死一如，寄託生死於觀世音菩薩，心中就會泰然了。這是由於沒有他念所致，沒有驕慢之心所致。

「若三千大千國土，滿中夜叉、羅剎欲來惱人，聞其稱觀世音菩薩名者，是諸惡鬼尚不能以惡眼視之，況復加害。

這是七難中的第五難。「三千大千國土」，就是宇宙的意義。一個日月所照的為一小世界，集合一千個小世界為一小千世界。集合一千個小千世界為一中千世界。集合一千個中千世界為一大千世界。總稱這大千世界、中千世界、小千世界叫做三千大千世界。把這個定為一佛教化的國土。離開此佛土，中間隔有十萬億佛土的，是西方極樂世界阿彌陀佛的佛土，這個十萬億佛土本應稱為無量無邊，但因把抽象的觀念變為具體化，所以稱為十萬億佛土。此處說一佛的教化區是三千大千世界，這也是把抽象的觀念具體化，不必拘泥於確定的數目。

「夜叉」是梵語，此云「輕捷」。「羅剎」，亦是梵語，此云「可畏」。這兩者都是同屬鬼神的一類。一瞬之間，能飛幾千萬里。

夜叉、羅剎既都是惡鬼，若從害世毒人的意義上去看，我們這個世界上就充滿了夜叉和羅剎。這個夜叉、羅剎是說的什麼呢？即是一切的誘惑：女色，金錢，權力，名位……一切的一切都是誘惑我們的夜叉、羅剎。實在數之不盡。

像夜叉、羅剎似的誘惑，又從什麼地方生起的呢？推究的結果，仍是從我們的煩惱妄想而生的。煩惱雖說是八萬四千，而實際上，也許不只這個數目。

我們若把八萬四千煩惱看作土匪，則夜叉、羅剎應是百萬土匪軍中的大將，也就是指的貪瞋痴三毒，而這百萬土匪軍中的最高統帥，就是一念的我執。因為有了這些夜叉、羅剎，所以有時候生起了得意洋洋自以為是的念頭。土匪終是可怕的東西，若能除卻一念我執，進入無我的境界，則什麼都可不必恐怖了。但是，以我們的力量，捉拿不住匪軍中的我執統帥，所以八萬四千土匪的煩惱鬼，都來擾害我們。因為我們有迷妄，所以被他紛擾得就不能夠一心。

《超日明三昧經》中說：「魔有四事：一、身魔；二、欲塵魔；三、死魔；四、天魔。例如兩木相鑽，則能生火，還燒其木。火不從水出，不從風出，不從地出，四魔亦復如此，皆從心生，不從外來。譬如畫師作像，因緣和合，隨手成事，雖有彩有板有筆，但畫師不畫，則不能為像，四魔亦復如是，己心堅固，而不生起，則無四魔。」

《超日明三昧經》中所說的四魔，不過是把天地間布滿了的惡鬼羅剎分為四類，這四類雖說是魔王，只要心能堅固，則魔王即不能生。想要堅固這個心，不外把一念安住於平等的慈悲，不外委任能夠通達諸法實相的智慧，不再執著因緣和合的假我為實有。如果能以這個意義一心稱念觀音名號的人，是諸惡鬼不能以惡眼視之，哪裡還能再加毒害呢？

「設復有人，若有罪、若無罪，杻械枷鎖檢繫其身，稱觀世音菩薩名者，皆悉斷壞，即得解脫。

這是七難中的第六——囚難。

「杻械枷鎖」，杻是手鐐，械是腳杻，枷是頭上套的枷，鎖是縛在身上的鎖。「檢繫」，檢叫封檢，繫是繫縛。意思是：杻械枷鎖能夠封固五體，拘束人的自由。這段文是說，不論你有罪被縛了，或是無罪被縛了，由於你稱念觀音聖號的力量，杻械枷鎖就能斷壞了。從事的方面去解釋，和所說觀音冥益的其他六難相同，可是，從理來說，什麼人縛你？這個杻械枷鎖不外是自己繫縛自己而已。

自己覺得有罪了，因為這種罪而自己感到苦悶煩惱，不能夠得到自由；或是自己沒有做壞事，而仍有這樣的痛苦來逼迫我，因此怨天尤人，這種責備他人之苦，不是陷於自繩自縛嗎？

其他還有名譽的杻、利益的械、恩愛的枷、我執的鎖，這一切的一切都是在束縛著我們。例如希望有好的名譽，而不能得到；想要得到利益，又不能如願；為了恩愛而躊躇；為了我執而被囚。像這樣存有和罪囚同樣憂心的人，即使他有多麼好的目的，不管他有多少的財產、多高的地位、多好的名譽，他也不能夠體會到人生的樂趣。

前人有一句話：「不要名，不要錢，不要命，不是這樣不能夠做出大事來！」名利、金錢、生命都不要的人，那是太少了！大多數的人為了金錢而縛了身體，為了名譽而缺義理，捨人情；為了惜命的結果，而變成一個卑怯的人。這些人都是自繩自縛，怎樣也找不出辦法來。這都是由於平時不能正曲直，明邪正，不存一種公平的心所致。

但是，我們若能住於觀世音菩薩的心中，斷我執的鎖，以一視平等的心，就會知道：名利，本來是因緣和合的假名；生死，本來是變化的現象。如果我被這種智慧之光所照，則繫縛自然解脫，自然能夠得到自由自在，沒有什麼人來繫縛我，所繫縛我的不外是自己。就算是有形的身體真被繫縛了，而有了這位觀世音菩薩的心，也沒有什麼不自由之處。

唐末五代的智覺禪師（即為永明延壽禪師）曾任太守，當他做太守的時候，適逢到饑饉之年，眼看著百姓就要餓死，他實在不忍心，自作主張就拿出公家倉庫的米糧來救濟餓肚子的災民。可是即使你是一州的太守，如果不奉行中央政府的命令，私自開官倉，那是犯大罪的。因此他獲罪被縛。聖旨下來，要把他解往國都，以便正名行刑。

然而，禪師預先已覺悟到他這樣做將會送命，所以他一點也沒有恐怖，甘心願意承當。唐天子早知禪師的為人，聽到這件事，也想到這當中必定有隱情，就諭其屬下，察看禪師有什麼異常的言行，要立刻奏知。

到了臨刑的那一天，禪師從牢獄中被帶到刑場，正當劊子手要舉刀斬首的時候，禪師毫無懼色，反而莞爾一笑，說：

「將此一命，布施眾生！」

官吏見了，立刻下令收刀，把這情形報聞天子。不久，聖旨下來，要仔細地再行訊問，禪師也就照實回答了。

禪師的這種行為，是慈悲的行為，完全從大悲的心中流出，一點都沒有瑕疵、弊病。情願犧牲一己生命，拯救眾生於饑饉，這種行為的確非常偉大！然而國家的法律又不能徇情，因此就免死罪，令其出家，這就是後來的智覺禪師。

禪師的確可以說是觀音的權化，由此可以看出，大悲心是能夠去除有形的繫縛，像這樣的例子，從古到今，不知有多少哩！

「若三千大千國土，滿中怨賊，有一商主，將諸商人，齎持重寶，經過險路，其中一人作是唱言：『諸善男子！勿得恐怖！汝等應當一心稱觀世音菩薩名號，是菩薩能以無畏施於眾生，汝等若稱名者，於此怨賊當得解脫。』眾商人聞，俱發聲言：『南無觀世音菩薩！』稱其名故，即得解脫。

這是七難中最後的賊難。

三千大千世界，和前面說的宇宙相同，三千大千世界在我一心，一心之中又充滿了怨賊。

王陽明說：「破山中賊易，擒心中賊難。」

心中的賊，神通廣大，變化自如，可以上天，可以入地，想要捕捉也不容易捕捉。無論他是什麼人，要想捕捉心中的賊，能夠像捕捉盜賊那樣捉到的話，那他可說是大丈夫。但是，你真要捕捉偷東西的盜賊，必須要知道會有生命的危險，因為你捕捉他，他必定要拚命地向你抵抗。捕捉外面的盜賊尚且這樣的困難，捕捉比那盜賊更厲害的無形的心中之賊，可知是更不容易了，然而，若能體會到觀世音菩薩的平等悲心，這個賊也就容易捕捉了。

過去有一位空也上人，趕路的時候遇到了盜賊，從悲心中不覺流出了眼淚，那些大盜見了上人的樣子都對他嘲笑說：

「真是一個太沒有道行的出家人！」

「不！」空也上人回答：「老僧並非為可惜我的財寶而悲傷，我是想到像你們這樣的人，有著比平常人強健的身體，世間上可做的事情很多，不知你們造了什麼惡因，而今來做盜賊，更加重自己的罪業。我想到你們將來要受這報應的可怕，所以不禁的就流下淚了。」

空也上人說完以後，眼淚還是潸潸地流著，這種悲心，竟然感動了大盜，後來，他們都拜空也上人為師，成了空也上人的弟子。

又有一個恆順和尚，也有著一段像這樣的故事：
有一天，和尚住的地方，闖進了一個賊。
「把錢拿出來！」賊將大刀一閃。
和尚卻不把大刀看在眼內。
「好！好！」和尚說後，把錢統統拿出來給他，賊將和尚的錢藏在懷裡，就悄悄地向外面走，正在這個時候：
「等一會！」和尚忽又這樣地喊著他。
賊停住了腳步。
「你向別人要了東西，不說一聲謝謝就要走了，有這樣的道理嗎？這筆錢本來是我要供養本師釋迦牟尼世尊的，你只要去向佛陀說聲謝謝就可以了。」
「謝謝！」賊說了一聲就走了。
過了不久，那個賊又在別處犯案被捕了，他招認還偷了和尚的錢，警官把他帶去見和尚，和尚見了，很快地就說：
「不錯，在某月某日的夜間，有一個男人進來，說要我給他錢，所以我就給他錢。這個並不是他偷的，是我自己願意給的，這有什麼證據呢？記得當他出去的時候，還講了一聲謝謝才走的。」

警官聽了和尚的話，就說：

「和尚的話，意思大概是要救這盜賊，可是他在別處偷了好多次，罪太重了，不能夠再讓他逃走。」

和尚聽了警官的話，走上前去握住那賊的手，流淚說道：

「我本是很窮困的，已經把所有的錢都給你，甚至叫你向佛陀謝謝，哪知我的誠意不足，不能感動你，讓你再到別處偷東西。」

這個賊聽了一言不發，羞愧滿面。

賊在牢獄之中，仍然不能夠忘記和尚的話，出獄後，他跑到和尚那裡懺悔，從此改邪歸正，努力做了好人。

這是慈悲的感化，本段經文表示的就是這種意思。怨賊，怨是奪命的人，賊是奪財的人。好比有一個商主，帶領了很多的商人，拿了金銀珍寶，經過怨賊所居的嶮峻山路，山，好比就是五蘊山，五蘊是色、受、想、行、識和合的生命體。換一句話說，就是我。我見的山中，集合有八萬四千的怨賊——煩惱。

「商主」，就是第八識的心王——阿賴耶識。阿賴耶是梵語，中國譯為「藏」，是含藏一切種子之意，也就是一切心的主體。

前七識從阿賴耶生。這些隨從心王，屬於心王之所有的，叫做心所。心王、心所等，共有九十四法，是屬於有為法，另外加上六種無為法，就叫做唯識百法。上面所說的諸商人，就是指這心、心所法的作用而言。

阿賴耶即心的動作之本，從它向外活動的方面說：有眼、耳、鼻、舌、身的五識。這五識是接受外部刺激而有所認識的。他所認識的對象，是色、聲、香、味、觸。即是眼觀色、耳聞聲、鼻嗅香、舌嘗味、身感觸。從它的內在活動方面說，這五種總合就是第六意識的作用，意識的對象是叫法。更就它的潛在而向內妄執為我的，叫末那識。

這個心，持有可成佛的寶，也持有墮於迷的賊，故其根本的阿賴耶識是含有覺和不覺的二義。因此，在我們的心中，以持寶和怨賊為喻。

其中若有一人，任它環境是多麼多麼的險惡，一點也不要駭怕，不管煩惱怨賊是如何的多，只要自己體得觀音平等大悲的心，以無我討伐我執，以慈悲擯棄貪欲，以勇猛降伏瞋恚，以智慧照破愚痴。果能如此，則煩惱的怨賊就會逃去，險峻的山路也能安全地走過。從這個意義上來講，我們可以知道，觀世音菩薩確能使我們不畏，所以說能施給我們無畏。

以上所說，是為七難。

「無盡意！觀世音菩薩摩訶薩威神之力，巍巍如是。」

這是七難的結文。

「摩訶薩」是「摩訶薩埵」的略語，「摩訶」是「大」，「薩埵」是「有情」或「眾生」，「摩訶薩埵」合稱是「大眾生」，大眾生即是於諸眾生中第一最上的意思。

摩訶薩又可稱為大菩薩，此處就是用來更進一步尊稱觀世音菩薩。巍巍是形容山的高大，此處是指觀世音菩薩威神之力有如巍峨的高山。

二、三毒難

「若有眾生多於淫欲，常念恭敬觀世音菩薩，便得離欲；

前面講的七難，是從外境來的；這裡講的三毒，是從內部來的。三毒：就是貪欲、瞋恚、愚痴。這三毒都是毒害我們身心的東西，而貪欲中最甚的莫過於淫欲，什麼都比不上淫欲再能毒害我人的身心。淫欲，就是普通所講的性欲。

性欲，若從生存的意義上去講，是必要的本能。這不單限於人類，一切的生物都靠此傳宗接代，才能不斷地延續生存下去。由此看來，是不能去否定性欲的。所以從道德上說，夫婦間的關係，是人倫的大道。正當的性欲，不是不可以的，不過，越出性欲關係的軌道以外，就有害身心了。而且，社會風氣上影響所及，其害是不堪設想。性欲的道德，在佛教中，分邪淫與不邪淫兩種：不邪淫，是正當的夫婦關係，是可行的性行為；邪淫，是不正當的性欲，也就是不應有的性行為。

佛陀在戒律中指示這個問題非常的詳盡，性行為在非時、非處、非支、非量的情形之下是禁止的。非時，是不應該的時候；非處，不是應行的場所；非支，不是生殖機能的交接；非量，是淫欲過度，所謂的荒淫。

《薩遮尼乾子經》說：「自妻不生足，好淫他婦女，是人不慚愧，受苦常不樂。」這是指示應該要遵守一夫一婦的道理。

佛教中指示做人的方法，就是應行的身三、口四、意三的十善。身三是不殺生、不偷盜、不邪淫；口四是不妄語、不惡口、不兩舌、不綺語；意三是不慳貪、不瞋恚、不邪見。由此可見不邪淫的重要。

淫欲是可怕的，〈遏欲文〉說：

「首惡無非色欲，易犯唯有邪淫。」

「拔山蓋世之雄，坐此而亡國喪身；繡口錦心之士，以之而敗節墮名。始為一念之差，遂致畢生莫贖。」

「芙蓉白面，帶肉骷髏；芍藥紅妝，乃殺人之利器。縱對如玉如花之貌，當存若姊若妹之心。未犯者，謹防失足；曾行者，及早回頭。」

《四十二章經》說：

「想其老者如母，長者如姊，少者如妹，稚者如子，生度脫心，息滅惡念。」

男子對於婦人的存心，這是最適切不過的了。如果女人也作如此想，一切男子我應看為如父、如兄、如弟、如子，也就能夠滅卻淫欲的心。

所以「若有眾生多於淫欲」的心生起，常念觀世音菩薩，那就不會忘記觀世音菩薩的智慧、慈悲、勇猛的心了。對上不失一切男子是我父，一切女子是我母的敬意；對下常存一切眾生是我子我女的觀念，則一切淫欲之念，定會煙消霧散了。

「若多瞋恚，常念恭敬觀世音菩薩，便得離瞋；

「瞋」，是猙獰忿怒的樣子，「恚」，是心中存在的忿恨；其害之大，前面已說了很多。

《佛遺教經》說：「劫功德賊，無過瞋恚。」

《法句經》上說：「能制自恚，如制奔車；善為御心，去暗入明。」

在《百喻經》上有一段關於瞋恚的故事，是很有趣的：

有一個地方，集合了很多人，他們都在批評某某人：

「那個人雖有德行，卻有兩個缺點，一是容易發怒，二是行動輕躁。」

大家都這樣地批評著，恰巧這些話被那個人聽到了，他從後門外走來：

「你們在說什麼？」

那個人這樣講了以後，就把批評他的那個人摔倒在地上。

「為什麼要如此粗暴？」大家都這樣責問他。

「俺什麼時候容易發怒？什麼時候行動輕躁？我本來不是這樣，是你們亂批評，所以非打你們不成！」

這樣一說，旁人都知道他是一個容易發怒的人，他自己雖說不會生氣的，可是，易怒到底是人之常情，要壓制是很難的。

又《百喻經》上有一段同樣意思的故事。

某一個地方，有一個池塘，裡面的水乾涸了，有兩隻雁見到一隻龜吃不到水而苦得很，雁就向龜說道：

「龜呀！你可以銜一根樹枝，我們銜著樹枝的兩端飛起來，把你帶到有水的地方去。可是，你可千萬不能講話呀！」

那個龜聽了，就銜了一根樹枝，兩隻雁則銜了樹枝兩端飛起來了。當牠們經過一座村莊的時候，村莊上的小孩子看了都說：

「喔唷！龜被雁銜去了！」

龜聽了這句話後，忽然大怒起來：「你們知道些什麼事？」

話剛出口，龜就跌落到地上摔死了。

我們瞋恚的根本，就是由我執而起，不肯輸給人家的緣故。瞋，是有對方的，向人衝動生起的一種惡性情感，但對方不一定同樣地生起瞋。只要悟到沒有對方，則瞋的煩惱自然也就消失了。常念觀世音，知道根境是一。能夠根境圓通，就沒有我與對方，則瞋怒也就不會生起，更沒有忍耐的必要。如果一心稱名，常念觀世音菩薩的聖號，就是想瞋也瞋不起來了。

佛陀在《雜寶藏經》中，有這樣戒瞋恚的話：「得勝增怨，負時增憂；不爭勝負，其樂第一！」不爭勝負，是安住在自他平等的觀念之上，是戰勝了瞋恚的心。這個自他平等的觀念，可說是觀世音菩薩所示，在你發怒時，如果誠心稱念南無大悲觀世音菩薩，則心能安住於慈忍，不起憎惡，瞋恚也就消失了。

過去有一位將軍，氣量非常的狹小，有一點小事，就對部下發脾氣，他的夫人也沒有辦法，以此引為很大的苦惱。然而這位將軍對於佛教倒是非常信仰，他雖然稱誦佛菩薩的聖號，但又對於稱念佛菩薩的功德，能得光明遍照，觸光柔軟的法樂利益，有點懷疑。

可是，有一天早晨，他的夫人為了一點小事不稱他的意，他就帶了瞋恚的心，到佛前去稱念佛菩薩的聖號。當他開口稱念的時候，忽然覺得過去氣量小與淺見是不對的，往昔皆非的心，不覺油然而生。同時，心地平和，被歡喜之光所照，他心下才恍然明白，這就是光明遍照、觸光柔軟的法樂。

這種境界，就是常念恭敬，便得離瞋的現益。

「若多愚痴，常念恭敬觀世音菩薩，便得離痴。」

這是三毒中的第三愚痴。

愚痴是智慧的反面，能把智慧的光明蓋覆而成無明。經上說愚痴能增長三毒，也是一切凡夫的生死根本，是八萬四千煩惱的根源。愚痴增長便成邪見，從邪見遂受畜生的果報。

愛欲以水來比喻，瞋恚以火來比喻，這都是從有形的上面來說明。愚痴可以拿風來比喻，因為智慧的大海給愚痴的風吹得昏昧了。

見惑有兩種：一是從智識上起的見惑；一是不明白道理的愚痴。或雖然明白道理，而不以為然的感情上生起的見惑。

見惑，是不明白諸法實相的大乘道理，不知有生就有死，這是萬物變化的法則，那個只是現象上的事情。或不了解本體上是不生不滅的，或否認那些現象變化上所顯的因果法，而撥無因果，卻說沒有善因善果、惡因惡果，沒有這樣的事。你看我忠實而貧窮，他不忠實可成為富翁；我孝順養親而常生病，那些不孝順養親的反而常健康，所以說因果總是廢話。

世界上持這種見解的人很多，這就是由於不知因果的道理。忠直與孝順，是道德上的因果；富貴與貧窮，是經濟上的因果；生病與不生病，是衛生上的因果；就算他是一個忠直的人，而他只亂花錢，不會賺錢，自然就會貧乏；至於那不孝順的兒女，因他注意衛生，身體就會健康。這是很容易明白的事實，混同因果來談，這就是從見惑生出的愚痴。

說起因果，不從過去、現在、未來去考察，光看目前的事實來斷定，是不正確的。

道理是明白了，而不知道何以成為這個道理的是思惑，這也可以說為愚痴。好比世間上的人，如果他的親人死了，他馬上就會哭起來，認為死亡是可悲的事，何以不認為他是往生西方極樂世界去了呢？假使這樣想，豈不是不會悲傷了嗎？這就是不能忘記情執，也就是基於思惑的愚痴。見惑，如果明白了原來如此的道理後，則容易斷除；可是思惑，就很不容易斷除了。就是知道了這是對的，後來又生起「可是……或雖說是這樣……」等愚痴來，這就是一種執著。如果用觀世音菩薩的智慧來觀照，去了這個迷惑，則愚痴自然就會消除了。

「無盡意！觀世音菩薩有如是等大威神力，多所饒益，是故眾生常應心念。」

這是以上所講的三毒結文。佛陀再把聽眾中所發問的代表無盡意的名字呼出來告訴他：觀世音饒益一切眾生，能令眾生遠離如剛才所說的淫欲、瞋恚、愚痴等不可思議的大威神力，所以眾生應一心稱念。

外面來的七難是小難，而內在生起的三毒才是大難。把這個大難的淫欲轉為慈悲，瞋恚轉為勇猛，愚痴轉為智慧；以這個慈悲、勇猛、智慧之力饒益一切眾生，謂之大威神力。

三、二求願

「若有女人，設欲求男，禮拜供養觀世音菩薩，便生福德智慧之男；設欲求女，便生端正有相之女，宿植德本，眾人愛敬。無盡意！觀世音菩薩有如是力。」

冥益的第三章是二求願。

「供養」，是進供資養之義。有三種供養：

1莊嚴堂舍，恭敬供養。

2讀經禮佛，修行供養。

3飲食衣服，利益供養。

本文中有一句叫「福德智慧」：

「福」是有形之德，即身上衣食住之德。

「德」是無形之德，即心具圓成之德。

「智」是慧之體，即般若本心佛性之力。

「慧」是智之用，判別善惡邪正的功用。

照這段經文讀來，若有女人，欲生男孩，許願觀世音，即能生漂亮的男孩；欲生女孩，許願觀世音，亦能生美麗的女孩。本文說的不外這種利益。男，是標示智慧；女，是標示慈悲。如欲求清淨智慧，以誠心誠意禮拜供養觀世音，通達觀世音所通達的諸法實相之理，把這個尊敬確信建立起來，即能得到圓滿的真智、平等的大慈悲。如果欲得大慈悲，常常以觀世音的心為心，永不遠離地精進下去，自然會生起受人尊敬的慈悲心。如果身口意合而為一的禮拜供養，則觀世音也就不會離開自己。

在一心稱念觀世音的時候，天地萬物成為一位觀世音，自己與觀世音之間沒有區別，沒有障礙，當此之時，觀世音的大智慧、大慈悲、大勇猛，在自己也能顯現了。

演培法師把這段經文做為一種胎教。那就是求子的女人，把心歸向大智慧、大慈悲的觀世音，驅除種種的迷妄，遠離一切的邪見，由此，如果是生男孩，則是福德智慧圓滿；如果是生女孩，則是端正有相，受人愛敬。這段經文，除了神祕的靈驗冥益之外，也可從現實的方面解釋。

尤其這「宿植德本」，是說宿世的善業顯現於現世，成為德本，而能使人愛敬。所以在佛教中，所謂生前宿世（過去）以及從生至死（現在），死了以後（未來），通於因果關係，所以此「宿植德本」是從生前的過去善因，成為現在的善果。孩子在母親胎內，在未生以前，那個將要做母親的女人，如果心理及行為端正，則不單是胎內之教，依遺傳的道理來講，對所生的孩子的肉體與精神都有影響，所以應該特別注意這段經文。

根據這段經文中所說，在男的方面，有福德智慧；在女的方面，是端正有相。這是因為女的在姿容方面比男的重要，所以略去福德智慧；在男的方面略去端正有相。其實，福德智慧是指心，端正有相是指身，這二者都應具求的。

福，以有形之幸事為主；德，是無形的心行。在世間上，有的是有福而少德的人，雖然有很多金錢，但還令人討厭的；有德而無福的人，雖然是很正直，但還是諸多不幸。

現在所希望的是有福有德，並且要有智慧，就是有錢有人希望再加上賢德。端正有相，是指美好的姿容。正直的行為，謂之端。這裡應注意端正二字，因為在佛教中，是不光取姿容的，好比《玉耶女經》中說：「女人容貌端正者，不名美人，唯心行端正，受人愛敬者，名為美人。」因此，所謂美人，不光是美好窈窕莊重的姿容，而更重要的是端正、貞靜、幽嫺的心行。佛陀講到此處，又告訴無盡意說：「觀世音菩薩有如是力。」

「若有眾生恭敬禮拜觀世音菩薩，福不唐捐，

以這一句收結前文。因有眾生恐持名無功，所以再說若有眾生恭敬禮拜，則功不唐捐。唐捐是虛費的意思，功不唐捐，即是功不虛花。

七難以下，皆是說明身口意三業的觀世音的冥益，起初七難是從外來的，所以在口稱誦觀世音菩薩；三毒是從內起的，所以在心常常觀想憶念觀世音菩薩；二求願是身求，顯示身行恭敬禮拜。此即把身口意三業一致相應，由此而能受冥護的利益。

四、勸持

「是故眾生皆應受持觀世音菩薩名號。無盡意！若有人受持六十二億恆河沙菩薩名字，復盡形供養飲食、衣服、臥具、醫藥，於汝意云何？是善男子、善女人功德多不？」無盡意言：「甚多，世尊！」佛言：「若復有人受持觀世音菩薩名號，乃至一時禮拜供養，是二人福，正等無異，於百千萬億劫不可窮盡。無盡意！受持觀世音菩薩名號，得如是無量無邊福德之利。」

這一段無需特別說明其中意思，就是表明前面所說的觀世音菩薩的冥益，是真實不虛的，是一定能夠得到的，並不是空而不實的。所以一切眾生都應該受持觀世音菩薩的名號。這並不是像供了木頭做的牌子，拿了紙上畫的符咒，就算數的。

然而，你供了木造的牌子，拿了紙畫的符咒，就能安心了，所以並不能說不好。但從根本上講，應該要在深心之中受持觀世音菩薩的智慧、慈悲、勇猛的三德，令其不失，這才是要緊的！受持觀世音菩薩的名號，功德究竟有多少呢？我們看佛陀的比喻就可知道。

佛陀向無盡意菩薩問道：

「如果有人受持六十二億恆河沙菩薩的名號，一直到他死的時候，他都是熱心地供養飲食、衣服、臥具、醫藥，那麼，這個善男子或是善女人的功德，是多呢？還是少呢？」

「那個功德太多了，世尊！」無盡意恭敬地回答著。

佛陀聽後，又說道：

「如果再有一個人，只一時受持觀世音菩薩的名號，並非是一生的受持，在那一時，能受持禮拜供養，則與先前終身禮拜供養六十二億恆河沙菩薩的功德相同，一點沒有兩樣。這種功德，在百千萬億劫的漫長時間中，是沒有窮盡的。受持觀世音菩薩的功德，就有這麼的多，這麼的大！」

上文所說的六十二億，是形容數目的多，言其多至數不窮盡，與無量無數相同。

在佛教中，無論說什麼數目，必定都是有所根據的，如同說是六十二億，或是多少億，都是有它的定義。六十二億的六字，就是指組織宇宙萬象的地、水、火、風、空、識六大。在這六大中，地水火風空是色，識是心，即相當於心與色、主觀與客觀、物質與精神。可是這個再加上恆河（即印度的大河殑伽河）沙那麼多的數目，所以可以解為無量無數的菩薩。一個是終身對那無量無數的菩薩禮拜供養，一個只有一時對觀世音菩薩的禮拜供養，說這兩種功德相同，這實在是大乘實教的妙旨。

在大乘實教中，是說萬物一體，萬物相關，顯示了一多不二之理。一與多，相容相入，舉一即含一切，舉一切即含一，所以在《華嚴經》裡，甚至於觀察一塵之中，即括盡法界。雖然說是桌上的一粒灰塵，如果要找它的由來，就是集合了一切萬物的力量才能落到桌上的。這一粒灰塵如果是由紙屑而生，則紙與塵不能離開關係，再來進一步地探求，紙是楮木製造的，則製這個楮木的機械，工作的人員，養活那些工作人員的衣食住，都是有密切的不能離開的關係。衣食住從何而來？那又不能離開供給衣食住的世界上一切的人，還有，產生這些資源的土地，與熱和光的太陽，如果缺了一個，這個塵都不能做成。

所以說，一中含多，多中含一。一與多是表裡的關係，並沒有特別的兩樣。照這樣看，供養觀世音菩薩，與供養六十二億恆河沙的菩薩，其功德相等，當然是沒有什麼可疑惑的了。

盡形壽百年的長，與一時的短，仔細地想來，也沒有什麼不同。

本來說多少、長短、遠近、大小，都是比較上的說法，是相對的。在絕對的境地看來，並沒有像多少、長短、大小、遠近的分別。都是渾然地融合，不能夠分開，完全是平等一如的。

說到觀世音菩薩的時候，一切諸佛菩薩皆在其中，六十二億恆河沙菩薩皆可看作是觀世音菩薩的化身。從主觀方面來講，已如前面所說，人人都是一個觀自在，那個數目實在是無量無邊，可是，又都同一尊觀世音，所以並不可以用多少、長短來比較。

佛陀說這個道理時，「無盡意！」佛陀又招呼代表一切眾生發問的無盡意：「人人都要受持觀世音菩薩的名號。如能受持，就可以得如是無量無邊福德之利。」這是冥益的結文。

在文中顯示，供養一切菩薩的功德，攝於供養觀世音菩薩，把無量菩薩的名號，攝歸觀世音菩薩名號，這就是宗教的信仰應該歸於一致，能住心於一，就不會迷惑。同時，由這一致的心，能引發出慈悲、智慧、勇猛的活動來，可以脫離一切的危難，充實一切的希望。

至於分心雜念，則心成為散亂，不能夠得到真正的安住地，所以，一心不二，才是主要之道。

關於這個，有這麼一段有趣的話：

過去有兩個人：一個人信仰很多的神仙，在他的袋子中放著好多神仙的名號或符咒；另一個人，只信仰觀世音菩薩，他的袋子中，也放著觀世音的名號。

有一天，兩個人走在路上，沒想到路旁跳出一個兇漢，向他二人連砍了幾刀，一個人被砍傷了一點，另一個人則毫髮無傷。那個沒有被砍傷的人，打開了袋子來看，見到觀世音菩薩的名號被刀切斷了一點，這個一定是因為他信仰觀世音，觀世音庇佑他而以身代替的，他從此更加信仰觀世音。

被砍傷了的那個人，心中大不高興，喋喋不休地說：

「我的信心不輸那個男子，我是這樣熱忱的信仰，在我的袋子裡放了很多神仙的木牌和符咒，怎麼就一點都不給保護呢？」

那個被砍傷了的人，正在滿肚子懊惱時，袋子裡的神仙忽然說話了：

「真對不起你！我們並不是不想幫你的忙，可是你袋子中的神仙很多，如果在其他神仙之前保護你是很失禮的。當你危險的時候，我們請天帝來救你，他又推請元始天尊，元始天尊又推請媽祖，媽祖又推請北斗星君，正在這樣推讓的時候你就被砍傷了。那個人的袋子中因為只有一尊觀世音菩薩，所以很快地就救了他。」

這真是一段很有趣的話。如果我們信仰一致，方能得到所求。如果說是不信仰大慈大悲的觀世音菩薩，而去信仰其他很多的神仙，那種不純潔的信仰，是不能達到信仰宗教的目的。

第八章 顯益

無盡意菩薩問起關於觀世音菩薩的身口意三業的事，佛陀回答：「應以佛身得度者，即現佛身而為說法。」這就稱為顯益。佛陀答以現三十三身，十九說法。三十三身中即含有十九說法，十九說法亦即是三十三身的示現。

一、三十三身——聖身

無盡意菩薩白佛言：「世尊！觀世音菩薩云何遊此娑婆世界？云何而為眾生說法？方便之力，其事云何？」

前文是起問關於觀世音菩薩的名號和因緣，佛陀的回答是稱名、常念、禮拜，就可以得到感應，所以那是稱冥益。這段是無盡意菩薩問起關於觀世音菩薩的身口意三業的事。

這個身口意三業，是說些什麼事呢？這是從有形的現象上去說。譬如，佛陀回答：「應以佛身得度者，即現佛身而為說法。」這就稱為顯益。因為觀世音菩薩的權化，所以與前面所講的無大區別。

這裡無盡意發問的主旨，分為三點要義：

第一、問觀世音菩薩，是怎樣來這個娑婆世界？是怎樣地現身？

「娑婆世界」的「娑婆」是梵語，譯為華語叫「忍土」。《悲華經》中解釋說：「名娑婆者，此諸眾生，受是三毒，及諸煩惱，能忍斯惡，故名忍土。」釋迦世尊，所以垂跡應現於娑婆教化，就是要令眾生解脫此土的苦惱。

第二、再問觀世音菩薩的口業，是如何為眾生演說妙法？

第三、再仰問觀世音菩薩的意業，度眾生的方便之力，究竟是怎麼樣？

這裡所說的「方便」，方是方法，便是適宜。濟度眾生要用適宜的方法，稱之「方便」。這並不是指世俗上所用的虛偽欺騙，叫做「方便」。在《法華文句》中，有三種意義解釋「方便」：

(1) 方是法，便是用，隨順眾生的心意，用種種的方法來教示他。

(2) 方便是門，以這個方便而能引入佛門之義。或是隨眾生心意，或是隨自己意，以種種方便教示眾生。

(3) 方是祕，便是妙，不敢猜測他意，照自己的意思說法而令他得益。隨他的意，隨自己的意，或兩者兼用，用這樣的方法濟度眾生，指的是方便之力。

現在問：觀世音菩薩究竟以什麼方便之力，在娑婆世界，教化眾生呢？關於這個問題，佛陀答以現三十三身，十九說法。三十三身中即含有十九說法，十九說法亦即是三十三身的示現。

佛告無盡意菩薩：「善男子！若有國土眾生，應以佛身得度者，觀世音菩薩即現佛身而為說法；

佛陀回答無盡意菩薩的問話：「娑婆世界上，如果有眾生應該要用佛身來濟度的話，則觀世音菩薩就顯佛身為他說法。」這是顯示第一以佛身說法。

「得度」，是得到度脫的意思。度同渡，即是從煩惱的此岸渡到菩提的彼岸，這就是彼岸之義。

至於說到「佛身」，是指什麼呢？佛身可以分為三種說法：一、法身；二、報身；三、應化身。

這裡所說的佛身是指為眾生的根機而應現的應身。

「法身」，是指宇宙真理的人格化普及於無窮的空間和無限的時間，沒有地方不遍，沒有時間所限，即是毗盧遮那佛的法身。

「毗盧遮那」，是遍一切處之義，因取喻太陽光除闇遍明，所以又稱為大日如來。

「報身」，是體得宇宙的真理者，與宇宙的真理是一而非二，立於大覺之境。從空間來講，遍滿十方，稱為無礙光；從時間來講，證得永恆的生命，是為無量壽。具有無量光和無量壽的，即和阿彌陀如來同體。

「應身」，為了悲憫濁世的眾生，應現到這個娑婆世界來，像降誕、出家、修行、成道、說法的釋迦如來一樣。無論哪一尊佛，都具有此三身，三身即一，是不可以區別的。

拿一個比喻來說，法身恰如醫學；研究醫學的醫師是報身；應用醫學來治病，聞藥而施行醫術的是應身。

現在，觀世音菩薩以佛身得度者，即現佛身而為說法，所以不妨可以這樣看：現於此世界說法度眾生的佛陀，也是觀世音菩薩的示現。

以觀世音菩薩做為宇宙的真理、慈悲的權化，而佛陀的出現，正是顯現宇宙的真理、慈悲的權化。關於這一點，就說釋迦是觀世音，觀世音是釋迦，我想也是無妨的。

「應以辟支佛身得度者，即現辟支佛身而為說法；應以聲聞身得度者，即現聲聞身而為說法；

「辟支佛」，梵語「畢勒支底迦」，解釋為「緣覺」或「獨覺」，他不需要他人的輔佐，可以獨自地向於解脫之道。所以，在佛未出世以前，或在佛未傳教的地方，能夠體會部分的宇宙真理，均可把他算在辟支佛中，可以說，希臘的哲人、中國的聖人，皆是辟支佛。這就是佛教中特長的地方，佛教中並沒有非受佛陀之教否則不能解脫的偏狹思想，不需要受佛陀教法也能有獨覺的。

現在觀世音菩薩，應以辟支佛身得度者，即現辟支佛身而為說法。所以蘇格拉底也好，柏拉圖也好，孔子也好，耶穌也好，穆罕默德也好，皆可以看為觀世音菩薩的應現。

觀世音菩薩好似天空中的一輪明月，無論在江、河、洋、海之中，都可以浮現。真理是一個，體現宇宙真理卻有不同。所以適應不同的時代或土地而現身教化眾生，這是佛教的特色，應該加以發揮的。

當然，這辟支佛是緣覺，但在緣覺當中也有緣覺的緣覺、緣覺的聲聞兩種分別。緣覺的緣覺，是沒有受佛陀之教，能觀察生死因緣的道理而悟入的；可是，說到緣覺的聲聞，那就必須遇佛陀的出世，聽聞生死十二因緣才能悟入的。所以，從過去到未來，我們在生死的因緣之中，智慧的眼被昧了，不能見到明朗的真理，就是由無明而生出的行，因行而生起識和分別；這個識與外境連絡，就生起名色；這個名色，和外界交涉，生起眼、耳、鼻、舌、身、意的六入；由於這個六入，與外境相觸則生觸；由觸而感受；由受而生愛；由愛而執著，即生取；依取而想保持己有；終於感受生與老死之苦。依此生命果，又生起無明，依於無明而有行（業），有行故有苦，有苦故又有惑；如是惑業苦三，如環之無端。

聲聞是聞佛之教示而見到苦（苦諦）的根本，是身口意的惡業積集（集諦）而成，只要把這個斷滅，即能得悟（滅諦），但是斷集證悟，必須修道（道諦）。佛陀說：迷的果是苦，迷的因是集；悟的果是滅，悟的因是道。聽聞這個苦集滅道四諦的道理，而開悟的一群眾生，叫做聲聞，簡而言之，即是佛弟子。

佛教的根本思想，就在這四諦。從原始佛教到後期佛教，也即是從小乘到大乘，一切的教典，都從這四諦的開展而來。所以聞佛聲，並不一定要生在佛世，親聞佛聲。佛在世，是有佛說法；佛滅後，是有佛的法流傳。流傳的教法是由隨侍佛陀很久親聞佛聲的阿難尊者誦出的經典，各方均有翻譯流傳，這都是佛陀的法音。

因此，雖是聲聞，也不一定生在佛陀出世之時。而聲聞即是佛弟子，這就是指從佛教的教法出家修持成道的很多佛的弟子而言。現何種身能夠度脫的人，就現那種身而來度脫他。

從這個觀點來說，印度的馬鳴菩薩、龍樹菩薩及達摩祖師；中國天台宗的智者大師，華嚴宗的賢首國師，淨土宗的慧遠大師、善導大師；日本的傳教大師、弘法大師、日蓮上人，均以出家之身而為眾生說法，所以亦可稱現聲聞身。

像這樣來說，但這些都是大乘的菩薩，把他們說為聲聞，或者不對也不可知。但是這個聲聞，有自甘小乘，叫愚法聲聞；有進修大乘的，叫廣慧聲聞。不單如此，就是大乘菩薩，現聲聞身可以得度的，即現聲聞身，這種觀世音菩薩的大慈悲，就從這種精神表現出來。

以上的佛身、辟支佛身、聲聞身，均是開悟的聖者，所以叫三聖身。

二、三十三身——天身、人身

「應以梵王身得度者，即現梵王身而為說法；應以帝釋身得度者，即現帝釋身而為說法；應以自在天身得度者，即現自在天身而為說法；

上文已說了三聖身的現身說法，度那所應度的眾生，現在是講現梵王身、帝釋身、自在天身說法了。對於此處的現身說法，須要從幾方面來考察。

認為適宜以梵王身得度的時候，不單是現梵王身，而且要現梵王的心；應以帝釋身得度的時候，不單是現帝釋身，也要有帝釋的心。為了要同化對象，自身現出和對方同樣的相，這可以看為菩薩同事攝的運用。

「同事」，是大乘菩薩教化的方便。你是什麼樣子，他即現同樣的形貌教化，和你共處共事，這實在是菩薩的慈悲。

好比母親想叫幼兒吃東西的時候，連他自己的口在不覺中也會張開來。大乘菩薩因為要教化眾生，哀憫護念眾生，所以才現身和眾生相同。

從另一個角度來看，觀世音菩薩要使我們的心成為梵王或帝釋的心，那麼，在心裡就要反省內顧，使其示現同菩薩一樣的大慈悲心，這是在修養上很耐人尋味的！

現在，觀世音菩薩示現應化的方便，照前面的說明來看，我們應該時時反省內顧，要見到自己心裡的觀世音。

「大梵王」或是「帝釋天」，是印度自古以來所信仰的對象。如果用佛教的眼光來看，那些都是婆羅門的各種神，由於這些神，而能得到安心立命進入大道的人也不少。所以，在佛教中，絕不排斥這些神；不單是不排斥，而且最初信仰這些神，後來歸投到佛教的懷抱中來的人也很多。所以就尊那些神為擁護佛教的神。因為那些神，雖不能修養到成佛，但都是在我們凡夫之上。

在佛教中，傳承於印度自古以來的哲學思惟，說明這世界分有欲界、色界、無色界的三界。「三界無安，猶如火宅！」修學佛法的目的，就是要能超越這三界。三界的第一是欲界，欲界裡有地獄、餓鬼、畜生、修羅、人間、天上的六道。

諸天之中，和我們相距不遠的是欲界天，欲界天中有地居天和空居天。地居天還沒有離地，空居天已經離地。

地居天，根據印度古代的傳說，就是由須彌山成立的。「須彌山」的梵語是「須迷盧」，四方有人所住之處：東方叫弗婆提州，西方叫俱耶尼州，北方叫鬱單越州，南方叫閻浮提州。閻浮提州就是我們住的地方。在這須彌山的中腹，有四天王：東方持國天王，西方廣目天王，南方增長天王，北方是多聞天王。這是欲界天的起點。再上去是忉利天，此天在須彌山的頂上，四方各有八天，四八是三十二天，中央有帝釋天，把這個合起來，叫作三十三天。

從這裡進入空居天，其最下的是夜摩天，其上是兜率天、化樂天、他化自在天；到這裡是欲界的終點，共有六天，再上去就叫色界了。

欲界，是還未十分斷除欲情，到了色界，就完全沒有欲情，那裡有十八天。

第一叫做初禪天，這個天中有梵輔天與梵眾天，再上去是大梵天。初禪天上去是二禪天，二禪天中亦有三天。二禪天上去是三禪天，三禪天亦有三天。三禪以上是四禪天，四禪天有九天。合共色界有十八天。

色界以上叫無色界，無色界不但是沒有欲情，即連肉體也沒有，所以無色界的四天，叫做空無邊處天、識無邊處天、無所有處天、非想非非想處天。

這就是三界二十八天。

像這樣種種的階級，可以看作我們在靜思熟慮，到達精神閒寂時的階段。

「天」，在《婆娑論》中說：「光明照耀，故名為天。」佛教中講光明，無論何時都是比喻智慧，所以人間如不昧於欲情，就可運用智慧。四天王的階級雖尚未捨離欲情，但已經很為稀薄；到了帝釋天，肉欲已經沒有了，但尚有精神上的愛情。像這樣漸漸地再上去就是所謂梵天，是相當於色界的初禪天。因為能離欲界的淫欲，寂靜清淨，常生善心，所以叫做梵天。比這梵天更大的稱為大梵天。《楞嚴經》中說：「身心妙圓，威儀不缺，清淨禁戒，加以明悟；是人應時能統梵眾，為大梵王，如是一類，名大梵天。」

「帝釋天」，亦是大善神，在忉利天的中央，是三十二天之主，率領很多的天及人民，守護佛法。

「自在天」，是欲界最上的第六天他化自在天，梵名叫做「婆羅維摩婆奢跋提」。《大智度論》卷九上說：「此天奪他所化，而自娛樂，故言他化自在。」《俱舍頌疏．世間品》卷一說：「他化自在天，於他化中得自在故。」此天就是不要自己樂具變現，而愛下天化作，假他人之樂事，自在遊戲，才叫做他化自在天。此天與色界摩醯首羅天（四禪天中大自在天）皆是害正法的魔王天。中有魔王宮殿，因此，常常派遣魔眾到我們的世間來，使我們增添了許多的苦難，都是由於這些大惡神。

但是觀世音菩薩，不管你是善神、大魔王、帝釋天，或者是惡神自在天，都是照常來濟度。這可以看出觀世音菩薩在世間，是善的，即以善的誘發；是惡的，即以惡的警覺。

所以菩薩應化的方便，有攝受、折伏二門。或以愛包容攝受，或以力懲戒折伏，欲度眾生，這兩方面均有必要。光有愛沒有力，則難以馴伏；光有力沒有愛，則易招反抗。

因此，愛與力、攝受與折伏都很重要。善神可化的，即可現善神度化；惡神可化的，即現惡神度化。

有一種人，聽到別人的善，能夠啟發自己的善；或是見到別人的惡，容易反省自己的惡；眾生的機類很多，所以菩薩的應現也各各不同。

心若清淨，智慧湧現出來的覺，這是觀世音菩薩化為大梵王示現在自己的心中；心若不殺生、不偷盜、不邪淫、不妄語、不兩舌、不惡口、不綺語、不慳貪、不瞋恚、不邪見等十善道生起來，這是觀世音菩薩現帝釋天的教化；心若生起邪念、妄想，昧了自己的智慧，則觀世音菩薩現成自在天身令其反省，令我們要這樣自覺。這一段說法，是應該思考思考的。

「應以大自在天身得度者，即現大自在天身而為說法；應以天大將軍身得度者，即現天大將軍身而為說法；應以毗沙門身得度者，即現毗沙門身而為說法；

前面講的「自在天」是欲界最頂的第六天，是大惡神；這裡講的「大自在天」是色界的最頂天，亦是大惡神。但觀世音菩薩，為什麼要現身魔王，關於這個問題，維摩居士說是濟邪令入佛道。在《維摩經．不思議品》中說：「爾時，維摩詰語大迦葉：『仁者！十方無量阿僧祇世界中，作魔王者，多是住不可思議解脫菩薩，教化眾生，故現作魔王。』」

維摩居士，我們當然可以看作是觀世音現居士身而為說法，這段文就是觀世音菩薩的說法。觀世音菩薩現自在天或現大自在天，均如這段《維摩經》所說。觀世音菩薩不思議解脫的妙力，不度盡魔界，絕不停止，此皆悲願的發揚。

「大自在天」，梵語叫「摩醯首羅天」，是色界十八天中的第十八天，居色界的最頂，或稱色究竟天或是阿迦尼吒天，也叫摩醯首羅天。此天的天主大自在天王，騎三目八臂的白牛，在印度叫他做世界創造的本體，萬物造化之主，所以受人崇拜。

現在觀世音菩薩的大悲說法的妙音，進入天界去度化。然而，不管是梵天帝釋的淨界，也不管是自在天、大自在天的魔界，這並不是遠在天上，而是在我們自己的身上。

「天大將軍」，是帝釋天的家將，帝釋與阿修羅戰爭時，那個出陣的先鋒大力士，就是天大將軍，又名「那羅延將軍」、「堅固力士」、「露形神」、「金剛力士」。寺院的山門口有二王，右邊的是那羅延堅固力士，左邊的是密跡金剛力士，都叫天大將軍。

現在從本文來看，這是觀音大勇猛心的示現，其勇猛之德，以天大將軍出現，而當守護佛法之任。從大慈、大智與大勇引發的力，這個三德圓滿的觀世音菩薩，真是我們理想中崇信的對象。

「毗沙門」，亦名「毗沙門天」、「毗沙門天主」，梵語的正音是「舍羅拏」，譯為「遍聞」、「普聞」、「多聞」。婆羅門的教徒，把他稱為財神，是金銀財寶的守護神。

此神坐鎮在須彌第四層九水精宮。因為管理夜叉、羅剎，所以又叫北方多聞天。這是已經皈奉佛教的神，《毗沙門天王經》中，說他們很有福德名聞。真言宗和天台宗，亦很推崇此神。那麼，他們的福德是哪裡來的呢？依據《毗沙門天王經》，為此天王者，得有十種福。

這十種福是：一、無盡福，二、長命福，三、眷屬福，以上是布施的德果；四、善識福，這是持戒的德果；五、敬愛福，這是忍辱的德果；六、勝軍福，七、田畠福，八、蠶食福，這是精進的德果；九、佛果福，這是禪定的德果；十、智慧福，這是從禪定而放出的智慧之光。

依這看來，毗沙門天的福，絕不是從外來的。是依六波羅蜜而修的菩薩大行，自然應得的果報。所以無論是什麼人，只要修六度之行，就能給你這十種福。

此十種福中，第一為無盡福，又稱知足福，乃常知足之福。一個人的知足是最重要的。

「應以小王身得度者，即現小王身而為說法；應以長者身得度者，即現長者身而為說法；應以居士身得度者，即現居士身而為說法；應以宰官身得度者，即現宰官身而為說法；應以婆羅門身得度者，即現婆羅門身而為說法；

「小王」，是別於前面所講的梵天、帝釋、毗沙門等的諸天王，這是人間的王，所以稱為「小王」，又可稱為「粟散王」。

「粟散王」，是說小王之多，多如粟散，或是小王統領的國土，名粟散國，因為與天部的大宇宙相比較，其小猶如大地上散的一粟，其王即名叫「粟散王」。

對於天部的王稱天王，人間的王稱人王。在人王之中，大國的王又稱大王，小國的王又稱小王。或是大王又稱父王，小王又稱太子。總之無論是大王、小王，總是支配人民者。

《首楞嚴經》說：「若諸眾生，樂為人王，我於彼前，現人王身，而為說法，令其成就。」這就是那些統治者、支配者的國王，以大勇猛、大智慧來教化人民之義。照這個意思說來，古來的聖主明君，都可說是觀音的現身，所以有人讚歎聖明君主說是觀世音菩薩的現身：

敬禮救世觀世音，傳燈東方粟散王，
駕從西方來誕生，演說妙法度眾生。

如果說小王是聖主明君，像印度的阿育王，中國歷史上的隋文帝、唐太宗、明太祖、清順治帝，都是佛教忠實的護法者，都可看作是觀世音的現身。如果說小王是太子之義，正如中國的梁之昭明太子，日本的聖德太子，弘揚佛法，不遺餘力，亦可謂觀世音菩薩的化現。

在《心地觀經》上說，國的支配者，必須具有十德。

這十德是：

(1) 能照：以智慧眼，照世界故。

(2) 莊嚴：以大福智，莊嚴國故。

(3) 與樂：與人民以安泰故。

(4) 伏怨：降伏一切怨敵故。

(5) 離怖：能除災難，離恐怖故。

(6) 任賢：集諸賢人，分任國事故。

(7) 使人民安住於國土故。

(8) 以法管理世間故。

(9) 業主：諸業歸之國王故。

(10) 一切人民以王為主故。

必須以這個十德化民，方可稱為觀世音的示現。

「長者身」，現在很多的地主、富翁，都稱為長者，其實地主、富翁，並不是真正的長者。真正的長者，必須也要具有十德。在這十德之中，屬於身體的有五德，屬於心理的有五德，茲就《翻譯名義集》，依次舉之：

身德：姓貴、位高、大富、威猛、年耆。

心德：智深、行淨、禮備、上歎、下歸。

(1)姓貴：名聲門第，顯揚四方。

(2)位高：位階功勳，均皆崇高。

(3)大富：資金產業，豐富眾多。

(4)威猛：具足威嚴，人皆敬畏。

(5)年耆：年滿五十，耆德不群。

(6)智深：智慮過人，深謀遠算。

(7)行淨：品行清淨，可為模範。

(8)禮備：禮義具備，無一不周。

(9)上歎：信用德望，上皆讚歎。

(10)下歸：下輩之人，望德歸服。

「居士」，梵語「迦羅越」，一般的習慣，稱在家的佛教信徒為居士。

《祖庭事苑》上說，居士必須具有四德：

(1) 不求仕官。

(2) 寡欲蘊德。

(3) 財居大富。

(5) 守道自娛。

《十誦律》說：「居士者，除王、王臣及婆羅門，餘在家白衣，是名居士。」

《首楞嚴經》上說：「若諸眾生，愛談名言，清淨自居，我於彼前，現居士身，而為說法，令其成就。」

又在同經講到關於其次的「宰官」，有這樣說：「若諸眾生，愛治國土，剖斷邦邑，我於彼前，現宰官身，而為說法，令其成就。」

「宰官」，是掌管政治的官，可以把他看為一切官吏。就是應以官吏身得度的，即現官吏身而來濟度之義。

古代中國有九品的官職，都是奉法理民的，這都可稱宰官。所以上從大臣，下至村長，也無不是宰官。一切的宰官，自己如果以為是觀音的化身，則這一國就能大治了。

「婆羅門」，是印度四姓中最上的一姓，婆羅門教徒，亦稱為沙門。

印度有四姓的階級：

(1) 婆羅門（僧侶）

(2) 剎帝利（帝王、貴族、軍人）

(3) 吠舍（商人、平民）

(4) 首陀羅（賤民）

這四姓階級的區別，很不平等。既不可相互通婚，也不可享受同等權利，貴賤分得甚為驚人。

佛教完全廢除這些不平等的階級差別，在全印度，四姓中無論何姓，進入佛教，一律稱為釋氏。

可是，觀世音菩薩，若有人應以婆羅門身得度的，即現婆羅門身而為說法。佛教以外的宗教修行者或傳道者，在適當需要濟度的時候，即現其身而為濟度。有這種包容異教徒的態度，可見佛教和觀世音菩薩的偉大！即是以儒者身或牧師身得度的，觀世音菩薩亦可現儒者或牧師而為說法。

婆羅門梵語是 Brāhmaṇa，譯為「淨行」。這是淨行高貴，捨於惡法之人。他們博學多聞，在四姓中，是屬最上的僧侶學者階級。自稱從上古梵天之口所生，是最高種族，其權威在剎帝利之上，認為是傳諸天諸神的聖意。種族一生嚴守教規，到壯年，都要學通四吠陀、十八大經的經論。年至四十，恐家嗣斷絕，歸家娶妻，生子繼嗣。年至五十，入山修道。此婆羅門，唯五天竺有，其他諸國無。

「應以比丘、比丘尼、優婆塞、優婆夷身得度者，即現比丘、比丘尼、優婆塞、優婆夷身而為說法；

「比丘」，是剃髮受具足大戒的出家男子。

「比丘」是佛陀四眾弟子中的僧眾，正確的梵音應讀為「苾蒭」，譯為「乞士」。乞士的意義是上從如來乞法，以資慧命；下就俗人乞食，以養色身，故名乞士。世之乞者，但乞衣食，不乞正法，不名乞士。而比丘有三義：

(1) 怖魔：出家以後，確立菩提道心，則諸魔恐怖。
(2) 乞士：上乞諸佛之法，下乞眾生之食。
(3) 破惡：能守比丘的十重禁戒的出家道德，即可破心中的惡念。

「比丘尼」，是苾蒭尼的訛音，譯為「乞士女」。佛陀出家成道以後，姨母摩訶波闍波提夫人出家為始。

「優婆塞」，是受持五戒依佛道修行的在家男眾佛弟子，譯為「近善男」、「善宿男」、「近事男」，是親近奉事三寶之義，《華嚴疏鈔》解釋為親近比丘而承事故。

「優婆夷」，是受持五戒依佛道修行的在家女弟子，譯為「近善女」、「清淨女」、「近事女」，亦是清淨奉事三寶之義，《華嚴疏鈔》解釋為親近比丘尼而承事故。

這些在家、出家的佛弟子，應該怎樣地度脫，即怎樣地現身而為說法。

在古代，梁武帝時，達摩大師從印度來。

「什麼是聖諦第一義？」梁武帝問達摩大師。

「廓然無聖！」達摩大師回答。

「對朕者誰？」

「不識！」

因為這問答不能契機，達摩大師即去嵩山少林寺。後來武帝皈依寶誌和尚，談到了這一段往事。誌公和尚說：「達摩是觀世音菩薩的化身，傳佛心印。」

為什麼說達摩祖師是觀世音菩薩再來呢？這就是觀世音菩薩現比丘身說法的明證。像這樣的故事，觀世音化現比丘尼、優婆塞、優婆夷而為眾生說法不知有多少呢！

「應以長者、居士、宰官、婆羅門婦女身得度者，即現婦女身而為說法；

在佛教中，很多人以為不尊重婦女，像這樣的說法，實在是錯誤的！佛教不過指示男人的修行，恐怕有所妨礙於修行，所以說不要接近婦人，並沒有一點輕視婦人之意。就是婦人，也可以修到佛菩薩的地位。在佛陀住世的時候，如勝鬘夫人，他所說的佛陀都已認可，現在《大藏經》中還留有《勝鬘經》。

勝鬘夫人，是普光如來所化身，可是，不妨把他看為是觀世音菩薩的化身。

這裡有長者、居士、宰官、婆羅門，不一定要拘泥於這個文字，一切在家的婦女，已做人妻的婦人，將要做人妻的婦人，已一度做人妻而現在已守寡者，一切都可通稱為婦人。若他現有大慈悲、大智慧、大勇猛，就可以看為是觀世音菩薩的示現說法。

《玉耶經》中說：「永離所生之家，而以夫家為家，與夫異體同心，事夫父母，如事所生父母，尊崇敬慎，無憍慢之心，善治家事，能接賓客，豐富家庭，揚家名聲，此為婦人之道。」說明婦女到了丈夫的家，始盡為婦之道，才是歸到真正的家。

所以長者、居士、宰官、婆羅門的婦女和丈夫，均共同舉出。慈悲、智慧、勇猛的三德中，第一是慈悲，因為婦女之道，雖有多種，但為根本的不外慈悲。慈悲是德性中最重要的，觀世音菩薩現女相，就是因為這個德性，是女性最能代表之故。所以女性中應以此為第一。

女性之德，應該注意言語動作，尤其重要的，是不可缺少淑德。

「應以童男、童女身得度者，即現童男、童女身而為說法；

「童男」、「童女」，這是終身不為愛欲所染的男子與女人，不一定單單指幼童而言。到了四、五十歲，男的沒有娶妻，女的沒有嫁夫，都可稱為童男、童女。但是與其那樣說，還不如把童男、童女切近幼童的事實來說好。世間上流傳很多現童男、童女身而度化頑固眾生的事蹟。

從前安藝國的廣島城下，有一個人叫平兵衛。但人們都喜歡稱呼他做佛平兵衛。他是一個馬伕，過著窮困的日子，因為慈悲，很受人的尊敬。

講到這個人的過去，本來是一個強欲邪見的兇漢，人們把他當為毒蛇一般的懼怕，都喊他鬼平兵衛。為什麼這個甚至被人叫做鬼的平兵衛，後來能改稱佛的平兵衛呢？這裡原來有這樣一段道理。

做馬伕的平兵衛，有一次病了，臥床很久，有一天的夜裡，他的妻撫著這位生病的丈夫的背說道：「能賣的東西，都已賣光了，現在一塊錢也沒有了，什麼辦法都想不出來，還是明天我去求乞吧？」

他的丈夫聽後，也流著淚，夫婦都在悲嘆著。那時候臥在他們身旁的八歲幼子叫萬藏的，在被窩中忽然啜泣起來！

「你為什麼哭？夢見什麼了嗎？」母親問他的幼子。

「不！」萬藏回答說：「媽媽！我明天去做馬伕好了，你不要叫我去乞食！」

母親也不知道這小孩子心中想什麼，第二天的早晨，萬藏牽出了馬，準備出去，因為個子矮小，不能夠把馬鞍放到馬的背上去，母親見到兒子有這樣殊勝的心，亦為之感動，因此就幫他把馬鞍放好，心中一面掛念，一面也就打發他去了。一天下來，並沒有出什麼事，到了那天晚上，他回來的時候，拿了一點點的錢。每天就這樣地去工作。

又有一天下午，那個鬼的平兵衛病好了，跑到馬伕集合找工作的場所，見到萬藏把馬繫在那裡，坐在一旁啜泣。

「喂！為什麼把馬繫在那裡哭泣呀？難道肚子痛了嗎？快一點去找事做！」

「不！我不是因為肚子痛才哭的，因為他們今天都不給我裝東西。」

「什麼？這就要哭了嗎？這是常有的事，有什麼辦法！你吃過午飯沒有？」

「沒有吃午飯，因為沒有工作做，所以要把帶來的飯帶回去給爸媽。」

「噢！這樣嗎？沒有工作就不吃飯嗎？」

「嗯！是的！」萬藏誠摯地回答。

平兵衛聽了，非常感動和佩服他的孩子。

「你生在我家，這一點飯是有得吃的！」

平兵衛說了以後，就把他帶回家去。平兵衛的妻子聽了也非常難過，當即燒了一盤魚安慰他，萬藏飯吃完了，魚可沒有吃。

「喂！你怎麼不吃魚？」父母都這樣問他。

「因為我不想吃，不知為什麼。但記得在我們家中，過去爸媽不知拜什麼的時候，一點魚肉都不吃，所以我也不吃。」

平兵衛聽了這話，感動得淚水潸潸地流下，從那次以後，一改以往兇暴的心腸而成為佛的平兵衛。

這個八歲的童男萬藏，誠可看為觀世音菩薩的現身，平兵衛的鬼心一轉而為佛心，正是邪正一如，只是一張紙的表與裡之隔而已。

其次，再舉示現童女身的兩件事實：

滿清末年的時候，正是日本明治、大正之間，被認為是日本第一流的外交家陸奧宗光，在中日戰爭終了時，政府派他與伊藤博文代表日本和滿清代表李鴻章在下關媾和談判。這時，他的十七歲的女兒正臥病在床，無論什麼人看了都認為他的女兒是不治之症。

宗光既然是一國的大臣，又負有媾和談判的重任，當然不能為了私事留下來看護女兒而不辦理國家的大事。

於是，宗光向女兒說了幾句安慰的話。他臨走的時候，忍痛地招呼家中的人說，即使有什麼重大的事變也不要通知他。

正當媾和談判進行得快到簽字蓋印的時候，忽然宗光的面色有點不好看，伊藤見了，很憂慮地問他是為了什麼。

「沒有，沒有什麼！」

宗光心中好像有不肯輕易向人講的話。伊藤更加心急得不得了，所以又再問他。宗光也就老實地說了：「實在是因為女兒得了不治之症，聽說我們這裡談判快要終了，家中剛好來信，說女兒終歸是沒有救了，他在臨終前，有一個問題問我。想到自己親愛的女兒，已知自己的病不治，希望向我說一句話，可是我身負重任，今天怎麼能回去呢？心裡這就煩惱起來，大概是表現到面容上來了。」

伊藤聽了，非常同情地說：「已經快要簽字蓋印了，你可委託我來做，你趕快回去和你的千金見一面吧。」

宗光聽了很歡喜地起程回家了。

女兒見了父親，向父親問道：「爸爸！我已經知道無救了，我很快地就要死了，但是，死了之後，要向什麼地方去呢？」

宗光雖是一國的大政治家，這個問題卻沒有辦法回答。他想到自己怎麼從來就沒有注意過這個問題？以自己之力，雖想延長他的一點生命，可是也不能夠。但既成為父女的關係，女兒問到臨終之後向什麼地方去？這一句話也回答不出來，這種情形是多麼悲哀！現在發覺了這個連做夢也沒有想到的問題，又不能夠胡亂地回答，他想了想，終於這樣說道：「我可不知道向什麼地方去，可是你的母親，無論什麼事，甚至連生與死，都付託給觀世音菩薩。所以，這是不錯的，你的行蹤一定有觀世音菩薩引導的！」

宗光的女兒聽了父親的話後，看起來很安心地向觀世音菩薩合掌，就瞑目去世了。

從此以後，宗光由於這個動機，皈依佛教，成為一個偉大的修行者。關於這段事，宗光以為是觀世音菩薩化身為他開了迷矇的心眼，宗光既是深深地相信而又將它公諸於人。

再說一件童女度化父母的故事：

從前某地有一對非常慳貪的夫婦，家中有很充足的財產，可是鄰近的公眾事情，他們慳吝得不助一文。和他人交際，一談到花錢的就不來了，有錢賺的，則唯恐不能爭先。

這對夫婦的膝下，有一個女兒，視同兒子一般，其愛真如掌上明珠。雖是慳貪而吝嗇的夫婦，但對女兒倒非常地溺愛。真是要風有風，要雨有雨，不論什麼，都設法滿足他的所願，不讓他感到生活有點痛苦。他們就是這樣嬌生慣養著女兒。

世間上終是不如意的事居多，小女兒得病睡在床上了，為了愛女的病，找名醫生、吃好藥固然不用說，只要他做得到的都做了，可是都不見效，壽命終於到了將盡的時候，這是無法可挽回的。這時小姑娘也知道現在就等著最後的一口呼吸了。

慳吝的夫婦，見到女兒將要斷氣，就靠近女兒的枕邊說道：「你要什麼東西嗎？不管什麼，只要你說了，爸媽就會買來給你。」

他的父親這樣一講，那個小姑娘即刻把消瘦的纖手，放在父親的膝上。

「你們沒有一件事是不如我願地養育我，我本可以心滿意足，但是現在還有一個希望，只要這個滿足，什麼希望都沒有了。」

「是什麼？你可以講來聽！」父母懇切地問他。

「那麼，我就說了，在世的時候，你們一切的財寶都肯為我用，現在我要死了，有什麼方法可以把那些財寶帶一點走呢？」

被這句話一問，夫婦明知不能帶去，可是又不能明白地對他說，正不知如何回答他是好的時候，躺在床上的女兒容態漸漸地變了，他就這樣斷了氣。

這對夫婦，想到無法回答女兒最後的問題，心頭懷著無限的遺憾。他們很懊悔，為什麼過去對於這個道理一點都不注意呢？因為不注意道理，所以在親愛的女兒作最後要求時，弄得他們束手無策。如果平時聽一點佛法，這次不是可以在女兒面前講講嗎？可恨過去心中所想的只是錢，錢，儲錢！其他什麼都不知道，這是多麼可悲的事！從此他們夫婦就發心參訪高僧學道，好似重生了一般，以後就成了大慈善家。

這個小姑娘，就是以童女身向父母說法，的確可看為是觀世音菩薩的化現。

在《法華經》中的第二十七品，記載著妙莊嚴王的太子淨藏、淨眼二人，勸父母進入佛道，以童男、童女為緣，使父母發菩提心，這些例子實在不在少數。

三、三十三身——八部身、執金剛身

「應以天、龍、夜叉、乾闥婆、阿修羅、迦樓羅、緊那羅、摩睺羅伽，人非人等身得度者，即皆現之而為說法；

前面講的是為人界的說法，從這裡是為龍等現身說法。天龍八部，又叫做八部龍神，因為天龍在八部眾中居於首位。八部：一、天，二、龍，三、夜叉，四、乾闥婆，五、阿修羅，六、迦樓羅，七、緊那羅，八、摩睺羅伽。現在一一解釋如下：

(1)「天」，是「提婆」的譯意，有欲界的六天，及色界、無色界等諸天。

在《法華論》中說：「清淨光潔，最尊最勝，故名為天。」這是對於帝釋、自在天、毗沙門天以外諸天部樂界的總稱。

(2)「龍」，梵語「那伽」，是禽類的水屬之王。龍身到處隱顯自在，在《法華經》中列有八大龍王之名。

(3)「夜叉」，這是勇健鬼，暴惡鬼，能飛行空中的鬼類。

(4)「乾闥婆」，梵語是「彥闥縛」，譯有「尋香」、「食香」、「嗅香」、「香神」多種不同，以香為食，侍奉帝釋而司奏伎樂，常在須彌山之南，金剛窟中，能飛行虛空。

(5)「阿修羅」，正音應讀為「阿素洛」，譯為「非天」，其果報似天而非天之義。是鬼神的一類，也譯為「無端正」，男醜女端正之義。又譯為「無酒」，因為宿世好酒，而不能隨順己意，故持不飲酒戒。阿修羅，很多地方都略稱修羅。

修羅在前世雖然也修五戒十善，可是他有我慢勝他之心，猜忌之念甚盛，死了以後即是阿修羅，與忉利天互相憎嫉，故恆有戰鬥，常受三時銅鑊、劍戟等苦。

世俗容易發怒的人，稱為燃燒著修羅的瞋火，就是從這裡而來，修羅不一定要說住在天上，人間到處都有修羅。

(6)「迦樓羅」，是印度神話中的怪鳥，梵音叫「揭路荼」，譯為「金翅鳥」或「妙翅鳥」；又稱為「迦樓羅王」，即是一切鳥類之王。住在須彌山北方大鐵樹間，翅翼金色，兩翼之端相距三百三十六萬里。日日巡視須彌四天下，捕龍而食。頭上掛有如意珠，常從口中吐大火燄，所以又有名字叫做「迦樓羅炎」。

(7)「緊那羅」，梵音的正音是Kimnara，譯為「疑人」或「疑神」，因人形而頭上有一角，人見之常疑為似人或非人，故得此名。乃帝釋的樂神，能以歌舞侍奉帝釋，其形象稍似馬首人身、人首鳥身。

(8)「摩睺羅伽」，正音是「牟呼洛迦」，譯為「大腹行」或「蟒神」，是人形蛇首。

天龍八部已如上述。這些本來都是出於印度的神話，因為印度人在佛陀未誕生前，均以這些為信仰的對象，所以，佛陀成道後，觀機說法，隨緣攝化，一切惡魔、神、鬼、天將，佛教之中無不包容，因而給他們一個進入真正大道的機會。

「人非人等」這句，是總稱八眾。八部眾中，有似人而又不是人的，如緊那羅、摩睺羅伽，有完全不是人的，如龍等，所以說人非人等。

以上所說，正是顯示山河大地，有情無情，無論哪一個，都是觀世音菩薩普門示現教化的對象。

「應以執金剛神得度者，即現執金剛神而為說法。」

「執金剛神」，梵語是「跋闍羅波膩」。「跋闍羅」譯為「金剛」，「波膩」譯為「手」。因為手執金剛杵，所以叫「執金剛神」；或者又稱「金剛密跡天」、「金剛手」、「金剛力士」等；因為統領五百夜叉，所以又叫「金剛夜叉」。

這可稱為佛教守護的神，在寺院大門旁供奉的有兩個王，右是那羅延金剛神，左是密跡力士；右面表示的是善，左面表示的是斷惑。所以右面的是開著口成為阿字，左面的是閉口成為吽字，叫做阿吽二將。其實是一王的變化，二王實在是一體。

總而言之，是觀世音菩薩現此神相而來說法之意。「金剛」，是堅固之義，如果以這個堅固斷惑生善，則精神一到，何事不成？任他如何的困難，金剛堅固之力也能打破。「執金剛」，不外是表示人格的堅忍不拔。

以上是觀世音菩薩著名的三十三身、十九說法，到這裡已講完。三十三身從第一現佛身，到最後現執金剛神身，有三十三身，分為十九次說法。其實，照理講並不限於三十三身，三十三身是指的無盡的意義。三十三身、十九說法，現在列為圖表如下：

三十三身

類別	應化身	說法
三聖身	佛身、緣覺身（辟支佛身）、聲聞身	三說法
四女身	梵王身、帝釋身、自在天身 大自在天身、天大將軍身、毗沙門身	六說法
五人身	小王身、長者身、居士身、宰官身、婆羅門身	五說法
四眾身	比丘身、比丘尼身、優婆塞身、優婆夷身	一說法
四女身	長者婦女身、居士婦女身 宰官婦女身、婆羅門婦女身	一說法
二童身	男身、童女身	一說法
八部身	天身、龍身、夜叉身、乾闥婆身 阿修羅身、迦樓羅身、緊那羅身、摩睺羅伽身	一說法
執金剛神身	執金剛神身	一說法

十九說法

三十三身、十九說法，即如以上所說。

在前面已經講過了，三十三身指的是多數，並非單指這三十三身。我們不妨看為宇宙一切的事相

能啟發我們生起大慈悲、大智慧、大勇猛心的，皆是觀世音菩薩的示現。

「無盡意！是觀世音菩薩成就如是功德，以種種形遊諸國土，度脫眾生，

前面從現佛身到現執金剛神身，是示現觀世音菩薩各各不同的現身，稱為別答，這段是總答。佛陀總答道：「無盡意！觀世音菩薩，成就像前面示現的大功德，現種種的形，遊諸十方世界，度脫一切眾生。」

「三十三身」，是示現無量數。就這段文的「以種種形」一句亦可明白了。

本來，觀世音菩薩的本地，早為正法明如來，法身遍滿在三千大千世界之中。本來早已成佛的觀世音，應眾生之念，分身化現，因為是處處身，所以處處現。恰如天空一輪明月，萬水萬現。這即是說不光是三十三身，不光是十九說法，觀世音菩薩可以現幾千幾百億萬的身，可以說幾千幾百億萬的法。《金光明經》中說：「佛真法身，猶如虛空，應物現形，如水中月。」這個就叫做：「以種種形遊諸國土，度脫眾生。」

四、瓔珞供養

「是故汝等應當一心供養觀世音菩薩。是觀世音菩薩摩訶薩於怖畏急難之中，能施無畏，是故此娑婆世界皆號之為施無畏者。」

「是故」，是承上起下之詞，觀世音菩薩因為有如上的種種功德，所以佛陀勸眾生應該一心供養觀世音菩薩。如前面所說的這個「一心」最為重要。

如果不是一心，則精神散漫，不能夠得菩薩十分的功德；心若專意，則精神集中，所求無有不應。這個「一心」，就是觀世音菩薩的心，如果口常稱念觀世音菩薩的聖號，意常思想觀世音菩薩的慈悲，身常具有恭敬禮拜的誠意，則我們的身口意三業，和觀世音菩薩的身口意三業一致。把潛在我們心裡頭的觀世音菩薩喚醒，我們的心和觀世音菩薩的心合一，把這個心做為供養。

「供養」，供給資養之義，這裡面包含有種種的法，現在要說的是三業供養。在《法華文句》中說：身業供養是禮拜，口業供養是稱讚，意業供養是觀想相好。在《大日經》中又分為理供養與事供養。會其理而證入的，稱理供養；盡心竭力營辦香花果品等供養的，稱事供養。理與事，事與理，圓融無礙，如果心會其理，則身現其事；如果身現其事，則心會其理；理與事一致，心與身一如，方具恭敬誠意之義。

其次來解釋「觀世音菩薩摩訶薩」，「摩訶」是「大」之義，所以又稱觀世音菩薩為大菩薩。「怖畏」，就是非常恐怖畏懼。「急難」就是一種最難以應付的困難。如果我們處於怖畏的時候，陷於困難的地方，在進退維谷的狀態之下，此觀世音菩薩，就能給我們無畏，所以在此娑婆世界，又稱之為「施無畏者」。

實際上，我們所住的這個娑婆世界，怖畏急難充滿其中，在這怖畏很多的世間中，使我們得到一點安心，皆是觀世音菩薩所賜。《大佛頂首楞嚴經》中觀世音菩薩對佛陀說：「世尊！我復以此聞薰聞修，金剛三昧，無作妙力，與諸十方三世，六道一切眾生，同悲仰故，令諸眾生，於我身心，獲十四種無畏功德。」

這十四種無畏之中，最重要的還是以大智慧、大慈悲、大勇猛之德，做一切事。若能如此，即可得到泰然不畏了。

若以智慧，體得諸法實相的道理；在慈悲上，有自他平等的博愛；在勇猛上，有戰勝任何困難的精神；有這種覺悟，在世間上，就沒有怖畏了。觀世音菩薩能使眾生得到這個安定，故稱「施無畏」。

佛教裡說施，分有三種：

(1) 財施——施有形的物質。

(2) 法施——施無形的真理。

(3) 無畏施——使令物質上、精神上，有所安心，沒有恐怖。

不論財施、法施，均不能離開無畏而能達到目的。

觀世音菩薩以此無畏布施，能使我們安心立命，故此應一心供養。

無盡意菩薩白佛言：「世尊！我今當供養觀世音菩薩。」即解頸眾寶珠瓔珞，價值百千兩金，而以與之，作是言：「仁者！受此法施珍寶瓔珞。」

無盡意菩薩聽到上面所說的觀世音菩薩的廣大功德，因此向佛陀說：「我應當要供養觀世音菩薩。」說後，即從頸上解下價值高貴鑲著寶石的瓔珞，奉呈給觀世音菩薩，說道：「仁者，願你受此法施！」

「瓔珞」，是印度的嚴身裝飾品。頭上的叫瓔，身上的叫珞，品質依身分而有種種不同。根據這種風俗，佛菩薩也用它來莊嚴。

但從這段經文的理上去觀察，並不是指有形的金銀而鏤刻的寶石，無盡意菩薩，累劫聚集了無盡的功德，嚴飾無盡意身上的瓔珞，不過取來譬喻罷了。所以，無盡意菩薩把瓔珞呈奉給觀世音菩薩，並不是有形的財施，而是無形的法施，故經中稱法施。珍寶瓔珞在佛經中常用以譬喻功德，《瓔珞本業經》說：「光為百萬阿僧祇功德；瓔珞為光，嚴飾佛身。」又說：「一切菩薩，以功德瓔珞，莊嚴菩薩二種法身。」

二種法身，即是理法身與智法身。智法身，依修行之力，而磨鍊出來的覺悟；理法身，是本來具有的那個真如的性德。真如之德，雖然人人本具，個個不無，但不修持，即不能證得。依性起修所得的，是智法身。

理法身，本來是覺，即所謂本覺，但是本覺的光隱藏著，若以修行之力，即得始覺；智法身，即是始覺所得。然若證覺到始本不二，理智一如，二種法身就合而為一了。現在無盡意代表無盡的智慧，觀世音顯示廣大的慈悲，所以，以積聚無盡智慧方便的功德，更顯現供養給廣大無邊的慈悲；也就是以無盡意的智慧回向給大慈悲的觀世音。

「仁者」，是大悲萬行者，即所謂菩薩，此處就是指觀世音。

這裡無盡意以瓔珞供養的一節，《維摩經》是這部〈普門品〉的註腳。維摩的不思議解脫，就是觀世音的妙智力，就是觀世音的現居士身而為說法。這一節和《維摩經》第四〈菩薩品〉終了時，善德長者以瓔珞奉給維摩居士，完全一致。

《維摩經》中善德的一章，維摩詰是長者善德的對手，有一次，善德長者家中，設七施會供養一切沙門、婆羅門及諸外道、貧窮、下賤、孤獨、乞人，此是財施；維摩即向善德長者大大開示法施的利益，善德長者聽時心生清淨，無量歡喜，即解價值百千兩金的寶珠瓔珞奉於維摩，表示已離財欲，喜樂法施的大利益。

在這部〈普門品〉中，無盡意供養的一節，觀世音菩薩開大悲門，以示大法施，所以無盡意遂心生感謝，將自己有形的寶珠瓔珞奉於觀世音。這個瓔珞如前面所說，應該視為累積的功德。

> 時觀世音菩薩不肯受之。無盡意復白觀世音菩薩言：「仁者！愍我等故，受此瓔珞。」

無盡意菩薩誠心誠意地特以瓔珞贈給觀世音菩薩，觀世音菩薩不肯接受。為什麼不肯接受呢？

因為一般人的希望是財寶，是名譽，這裡觀世音菩薩不肯接受，一方面就是表示不貪。這個寶，觀世音菩薩實在沒有求的必要。從觀世音菩薩這方面來看，他具有無量無邊的功德，那個瓔珞的功德，早已嚴飾其身。在人分上的這一方面來看，無論誰都持有無價的佛性之寶，並沒有「與」和「受」可說，在絕對平等一如的境界上看，是沒有什麼相對的憎愛取捨可說，因為顯示此理，所以不肯接受。

因此，無盡意再奉上瓔珞說：「為了憐憫我等故，還是請你接受下來吧！」從我與他分別相對的境地來看，觀世音菩薩不需要也未可知，可是為了憐憫一切眾生，還是請他受之，他也因此才肯接受。

佛教的教義，是破除相對差別的有，是因緣所生的假諦，由假諦而進入絕對平等的空諦，再從那個空諦，進入諸法實相的中諦。從有進到空是智慧門，從空入於有是慈悲門，以智慧不受這個，所以為了眾生懇請而受是顯示慈悲。

爾時，佛告觀世音菩薩：「當愍此無盡意菩薩及四眾、天、龍、夜叉、乾闥婆、阿修羅、迦樓羅、緊那羅、摩睺羅伽，人非人等故，受是瓔珞。」即時，觀世音菩薩愍諸四眾，及於天、龍、人非人等，受其瓔珞，分作二分，一分奉釋迦牟尼佛，一分奉多寶佛塔。

在這個時候，佛陀向觀世音菩薩說：「應該憫無盡意菩薩，及四眾、天、龍、夜叉、乾闥婆、阿修羅、迦樓羅、緊那羅、摩睺羅伽、人非人等，受此瓔珞。」「四眾」，即是比丘、比丘尼、優婆塞、優婆夷。天、龍等是八部眾，前面已經說明了，這裡不再重說。

總而言之，為了眾生，那為自利而不受一物的觀世音，為了利他，就又不得推辭，所以只得把它接受下來，分成二分：一分奉給釋迦牟尼佛，一分奉給多寶佛塔。可是，此多寶佛塔又是說的什麼呢？在《法華經》的第十〈見寶塔品〉，此品中說，從大地上湧出多寶佛塔，其中有佛名多寶佛。這個多寶佛塔，是把宇宙本體，做為人格的法身佛，亦即是理體。釋迦牟尼佛體得其理體而現事相，所以一是理佛，一是事佛。關於那個證得的原因：一是斷滅一切煩惱而進入涅槃；其次是圓滿一切種智而成就菩提。就事理的二義來看，多寶佛塔是法身的理佛，即是本覺的理身；釋迦牟尼佛是報身的事佛，即是始覺的智身。

雖可這樣解釋，但實際上，事理是不可分為二的，這是因為在圓融諸法的實相中，有中道的真理。明白了這個，則宇宙觀是這樣的：

宇宙
- 本體—無限—平等—空諦—理
- 現象—有限—差別—假諦—事

圓融（中諦）

對佛而言可以這樣看：

佛身
- 法身—理身—理佛—多寶佛塔
- 現象—有限—差別—釋迦牟尼佛

冥合

如前文說，佛身分三身時，釋迦牟尼佛是應身，現在說釋迦牟尼佛是報身，不免令人生起懷疑，這因為在娑婆世界應現，使普門利益的，是觀世音菩薩，所以可以視為在體與相之外，再加上用：

體——法身——多寶佛塔

相——報身——釋迦牟尼佛

用——應身——觀世音菩薩

現在瓔珞分作二分：一奉多寶佛塔，一奉釋迦牟尼佛。這應身的觀世音菩薩把瓔珞奉給法身的理佛、報身的事佛，以示三身一體。

這裡有一個疑問：觀世音菩薩是為四眾八部而受的，應該要分給四眾八部才對，為什麼要奉給多寶佛塔與釋迦牟尼佛呢？要知道，這既是為四眾八部而受，但因為要使四眾八部統統悟入三身即一之理，所以才分成二分，從應身的觀世音菩薩之手，奉給法身的多寶佛塔與報身的釋迦牟尼佛，此即三身一如，無分彼此。從這同一佛心來說，在我們的心上就現有這個三身，所以臨濟大師說：

「汝一念心上清淨光，是汝屋裡法身佛。汝一念心上無分別光，是汝屋裡報身佛。汝一念心上無差別光，是汝屋裡化身佛。」

清淨光，是本覺平等的理。我們眾生因分別的妄執而昧於此理，不能證得那種境界。超越這種分別的平等之智，是無分別光。這無分別光，就在平等的心上，再觀看眾生的差別而應機化益，是無差別光。因此，無分別光是慈悲，無差別光是智慧，以此而能成就法身之德。心，好比是一面本來具有光明的鏡子，這就是法身清淨光，但本有的佛性光明，因眾生有無明煩惱的灰塵，把鏡子原有的光明體遮蔽了，所以需要用智慧的修行拭去那灰塵，直至沒有一點黑暗，即是報身的無分別光。但是，只有光明而不去用，這鏡子要來做什麼呢？所以鏡子要能映現森羅萬象的差別才具有鏡子的功用，這就是應身（又名化身）的無差別光。以清淨光為本體，是法身佛；以無分別光是為相，是三十二相八十種好；以無差別光為用，千處祈求千處應，就是化身佛，也是觀世音菩薩應化世間的行動力了。

「無盡意！觀世音菩薩，有如是自在神力，遊於娑婆世界。」

佛陀講到這裡，又叫發問的無盡意菩薩，告訴他，觀世音菩薩以如上所述的自由自在的不可思議神力，遊此娑婆世界。用這個「遊於娑婆世界」的「遊」字收結，卻很有意義。

我們眾生在世間行慈悲的時候，總有一點勉強的成分，不能說悠悠然地遊世界。可是菩薩行慈悲的時候，捨去一切報酬，只有歡喜，沒有勉強，菩薩是樂於為世為人工作的，所以用這個「遊」

字，是再適當沒有了。

以上是散文體的長行講完了，其次是講韻文體的偈頌，大體上看來，偈頌都是長行的重說。

第九章 普門品偈頌

「偈」，梵語叫「伽陀」，華言譯為「頌」。梵華合稱，所以叫偈頌。是一種美歌，聯合美辭而來歌頌。在這裡稱的偈頌，就是等於詩歌一樣。當佛陀說法到這裡的時候，無盡意菩薩又用韻文的方式來提問。

一、大悲行願

前面已經說過，〈普門品〉分有散文體的長行，和韻文體的偈頌兩種體裁。長行解釋完畢，以下是解說偈頌。

關於本品的偈頌，姚秦羅什三藏法師最初略而未翻；到隋文帝時，從北天竺來了兩個和尚，一位是闍那崛多，一位是達磨笈多，這偈頌就是由他們二人譯出加入的。

偈頌，又可稱為重頌，就是前面所說過的長行，在偈頌中用韻文體來重述一番。

「偈」，梵語叫「伽陀」，華言譯為「頌」。梵華合稱，所以叫偈頌。是一種美歌，聯合美辭而來歌頌。在這裡稱的偈頌，就是等於詩歌一樣。

爾時，無盡意菩薩以偈問曰：

當佛陀說法到這裡的時候，無盡意菩薩又用韻文的方式來提問。

世尊妙相具，我今重問彼，
佛子何因緣，名為觀世音？
具足妙相尊，偈答無盡意，

「世尊妙相具」，這是無盡意菩薩讚歎佛陀的。「世尊」，是佛十號的總稱，就是娑婆世界最尊無上之意。「妙相具」，這是說世尊內具萬德，外顯三十二相八十好而言。故讚曰：「天上天下無如佛，十方世界亦無比，世間所有我盡見，一切無有如佛者。」「我」，是無盡意自稱。「重」，在前面長行已奉問，現在再問。「彼」，指觀世音菩薩。

「佛子」，亦是指觀世音菩薩。三界一切眾生，皆是釋迦牟尼佛的弟子，所以，觀世音也是佛子。

無盡意菩薩問觀世音菩薩由於什麼因緣而得此名，雖然所問是和長行相同，可是世尊的回答卻有點不同。在長行方面，是專示觀世音菩薩的慈悲妙力，而偈頌方面，卻顯示觀世音菩薩的願與行，所以稍微有點不同。

「因緣」，在長行中只解釋為是什麼理由；在偈頌中，說此菩薩過去無量劫前即發大清淨願是因，有苦無樂的眾生是緣。就是自身行化的大願為因，以眾生為緣。依這個因與緣，普在世間應現化度。

「此相續佛陀慧命的觀世音菩薩，由於什麼因緣而得名的呢？」無盡意菩薩這樣地問。世尊以偈頌回答說：

具足妙相尊，偈答無盡意，汝聽觀音行，善應諸方所，
弘誓深如海，歷劫不思議，侍多千億佛，發大清淨願。

「汝」，指無盡意菩薩。無盡意雖聽過觀世音菩薩以什麼因緣而得其名，但為顯示觀世音菩薩如何的修行，所以佛陀又令他好好地聽聽觀世音的妙行。講到修行證覺，本來是不二的，但從凡夫修

行而至證覺，是應分開來說的。眾生心中的一面鏡子，本是清淨光明的（這和本覺的意義相同），但給無明煩惱的塵埃蒙蔽生起黑暗時，那就要用修行之力來拂拭心鏡上的黑暗塵埃（這叫始覺），以便恢復現出那本來的清淨之光。到達修行與證覺的合一，這叫做始本不二。

所以修行的第一步即證覺的第一步，至於本已立於證覺之上的觀音菩薩，他的修行不過是證覺的表現而已，他的證覺不過是修行的運用而已。所以雖說是修行，但不同於凡夫的修行，而是證覺上的修行，即所謂修證不二，修即證，證即修。

觀世音菩薩的善應諸方所，亦是下化眾生的修行。觀音證覺上的菩薩心，就是大慈悲心的表現。「方所」是指十方諸世界。以佛土言：是法性土、受用土、變化土；以佛身說：是法身、報身、應身。

法性土，是法身佛的淨土。布滿在無限的時間、無限的空間之中，這個大宇宙就是法性土，所謂是「翠竹黃花無非般若，一色一香皆是中道」，在空間是遍一切處，在時間是永恆的生命。

受用土，是為報身佛所受用的淨土。

變化土，是應身佛應眾生的根機，現種種身而濟度的國土。因為要濟度此土的眾生，菩薩就現三十三身，這已如前說，因此稱為善應諸方所。

「弘誓深如海」是說觀世音菩薩誓願深如大海。凡是菩薩都具有四弘誓願。

「眾生無邊誓願度」這是四弘誓願的根本，眾生是無邊的，所發的誓願，就是要濟度這普遍的無量無邊的眾生。

「煩惱無盡誓願斷」，是說無盡的煩惱，我誓願斷之。

「法門無量誓願學」，是說法門雖然無量，我誓願來學習。

「佛道無上誓願成」，佛道雖是至高無上的，但我發大誓願要完成佛道。

四弘誓願中第一願是利他，第二和第三願是自利，第四願是二利結成。

眾生無邊誓願度——利他
煩惱無盡誓願斷——止惡——自利
法門無量誓願學——修善——自利
利他、自利——佛道無上誓願成（二利圓滿）

觀世音菩薩並不單有這四弘誓願，還有濟度眾生的觀音十大願文，茲與四弘誓願對照如下：

四弘誓願

- 一、法門無量誓願學
  - 所學之法——願我速知一切法
  - 能照之智——願我早得智慧眼
- 一、法門無量誓願學
  - 所化之境——願我速度一切眾
  - 能化之法——願我早得善方便
- 三、煩惱無盡誓願斷
  - 根本痴海——願我速乘般若船
  - 生死流浪——願我早得越苦海
  - 貪　瞋　痴——願我早得戒定道
- 四、佛道無上誓願成
  - 究竟涅槃——願我早登涅槃山
  - 成菩提道——願我速會無為舍
  - 三身圓成——願我早同法性身

觀音十大願文

觀音的弘誓之深，如海一樣，就算你想到什麼時候，也不能想盡。因為弘誓是甚深難測的，所以說歷劫不思議。「劫」，時間最長之謂，即如前說，就算怎樣長的時間，也是難以思議之義。「侍多千億佛」，是說隨侍無限量的佛而受教。

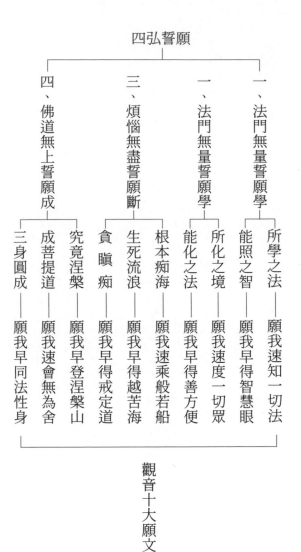

「發大清淨願」，是指發如四弘誓願的十大清淨願。不單是觀世音菩薩修行的客觀看法是如此，在主觀的我們心裡所存有的大慈悲之心，而日日所見聞的又統統是佛的教誡，照這樣的思念、反省、誓學，那所發的願就不會懈怠，則我們也算能夠體會到觀世音菩薩的心了。

二、念彼觀音力

我為汝略說，聞名及見身，心念不空過，能滅諸有苦。

我們要生起清淨的心，首先需要專一其心，驅除一切雜念妄想。若要消除雜念妄想，則必定要口常稱念觀音的名號，意常思惟觀音的願行，身常禮拜觀音的慈像，以使身口意的三業合而為一。三業需要具足，缺一不可，比方以身行事，以口講話，若不一致，或以口說事，以意思想，互相矛盾，那就不能稱為一心。關於三業，前面雖已敘述過，現在更從側面來說明。聞觀音的名，見觀音的像，如果一心稱念，那就不會空過，那就一定能消滅諸苦了。

「我」，是指釋迦牟尼佛，「汝」，是指無盡意菩薩。「略說」，因在長行已詳細說過了。至於歷劫不能思議的甚深弘誓，清淨的大願，要徹底地說起來，實在是不能說盡的，所以這裡只能就其重要的來說一說。

「聞名及見身」的「聞名」，即是聞南無大悲觀世音菩薩的名號。聞了口中就一定要稱念，這是三業的口業稱念。

「見身」，對於觀音的木刻畫像，若能觀見其相好，就要以身禮拜供養。這是三業中的身業禮拜。有人以為，向木頭或紙張禮拜，那有什麼功德可言呢？這實在是大大錯誤了。

舉例來說：如同是竹的皮，可以做成草履，穿在腳上，可以做成竹笠戴在頭上；這樣雖是一根木、一張紙，如果做成佛像或描成佛像，就值得禮拜，需要禮拜，木或紙雖是沒有尊卑之分，但現於那上頭的心可是寶貴的啊！

禪宗的大德所謂：「不著佛求，不著法求，不著僧求。」只有以這樣的見識來禮拜，才有深刻的意義。可是這個深刻的意義，不是一般常人所能領會的！

「心念不空過」，以一心，不讓其空過，在《觀音慈林集．魏王玄謨》中說：「朝念觀世音，暮念觀世音，念念從心起，念念不離心。」這就是心念不空過，這是意業致禮。

意業的所謂「念念不離心」，所謂「心念不空過」，換句話說，就是不論何時，要使觀音不與自己分離，要做到「朝朝共佛起，夜夜抱佛眠」，要做到無論在什麼地方，都與觀音共在。約而言之，就是要有與觀世音共活的信念。有這個信念的人，以身口意三業常念菩薩，則自己的身口意自然也就會成為菩薩的行為。

自己與觀音共生，一切與觀音共存，這個身，就成為觀音的身，而不是我的身；這個意，就成為觀音的意，而不是我的意了。承陽大師說：「此一日之生命，是可貴之生命，是可貴之形骸，有此行持之身心，當會自愛自敬。」仔細想想這句話，其身可貴的理由，就更為顯明了。

如果自己這樣想，自己就是觀音的身，那就不能不鄭重，不能不敬愛。每日感謝奉持之念更切，就不敢放逸。哪裡還有「諸有苦」呢？即或有物質的苦，也可以把它看破了，還有什麼痛苦可言呢？

這個身如果是觀音的身，則手、足、口，也不能不是的。那麼，這個手，就不能偷盜；這個口，就不能罵人；從此以手合掌，以口稱念南無大悲觀世音菩薩，這是三業一致，自然會滅除諸有苦的。

「能滅諸有苦」的「諸有」，是三界之謂，分開來也可以叫二十五有，就是三界六道，稱之為有，即是有漏的略稱。有漏是煩惱，其根本是常說的三毒，從這個三毒生出三界，這個三界是三毒煩惱的苦界，指這個三毒之苦，名諸有苦。
如能三業清淨，我與菩薩合而為一時，就能住於滅三毒而出三界的解脫界。
這是總答，以下七難是別答。

假使興害意，推落大火坑，念彼觀音力，火坑變成池。
或漂流巨海，龍魚諸鬼難，念彼觀音力，波浪不能沒。

這是重頌，或將前面已說了的，再重說一下；或把漏了的地方加以補充說明。
這裡兩首偈，是相當於前面所講的火難與水難，如以殺害、傷害來講，那就是被推入大火坑，在那時候，如念觀世音菩薩之力，則火坑立刻就可變為清涼之池，火自然消滅，而人也就得救了。假若又漂在茫茫的大海中，遇到龍魚及諸惡鬼的災難，在那時候，如以念彼觀音之力，即使怎樣洶湧的波浪，也不能把我們沉沒下去。
照文字解釋，念觀世音菩薩固然可以；若從理上說，如前所說，火是瞋恚的火，由這瞋恚之火，把人燒得不知顧前想後，等於陷在大火坑中。

這個時候，若念觀音的大慈悲，以清淨崇高的愛水來消滅瞋恚的怒火，則心中就成為清涼池了。

「巨海」，即煩惱的大海；「龍魚諸鬼難」，就是愛欲的波濤。愛欲的波浪起於煩惱的大海，直至沉淪在愛戀的深淵之中，招來了許多的痛苦與煩惱。

妖豔的身體，比龍魚更可怕；嫣然的嬌態，比惡鬼更可懼！這個時候，若以觀世音的大智慧，洞知諸法的實相，觀察一切皆是因緣的假合，則愛欲的執迷，自然就會消滅了。

或在須彌峰，為人所推墮，念彼觀音力，如日虛空住。
或被惡人逐，墮落金剛山，念彼觀音力，不能損一毛。

「須彌山」，不一定要看為是真實有的山，這是印度人假想的山，說是其高能到達天，但近人考之須彌山即指喜馬拉雅山而言。

從這高山上被推落的時候，如念觀音之力，就如日住於虛空，不會落下來。又如在孤峰頂上安住，又被惡人追逐，從金剛山上墮落下來，如念觀音之力，一根毛也不會損傷。

「金剛山」，在須彌山的外圍，是不能破壞的意思。關於須彌山究竟是怎樣的，金剛山又是怎樣的，在這裡大可不必仔細地詮索。

有人以為我們持有頂天立地什麼都不能妨礙的獨立自在的佛性，所以就生起了釋迦是什麼人，達摩是什麼人的念頭，如生這一念，即生起憍慢的心，變成自甘墮落，遂至被推落下來。可是此時若能念彼觀世音菩薩的平等大慈悲，則不會輕侮他人；念彼觀音的大勇猛，就能獎勵自己，如太陽安住在虛空中，自然能暢遊海闊天空，所謂是「風吹不動天邊月，雪壓難摧澗底松」。我們看到日或月掛在虛空，好像很危險的，可是一點關係也沒有。

須彌山，喻佛性，高大周遍之義。

金剛山，是不能破壞，不能動搖的意思，可以看作我們心裡的信念！

稍微複雜一點來說，可以把它這樣比喻：須彌山是妙覺之位，金剛山是等覺之位，這裡指我們的信念，就是表示無論如何，不為他力所搖動。

立了信念，進而要把它堅定起來才行，因在我們的周圍，充滿了誘惑與迫害，時時都在伺機動搖和壓覆我們的信念，這像被惡人追逐而將要墮落的狀態，是非常危險的，但在那個時候，如能念及觀音大勇猛的願行，則雖在誘惑或迫害之中，也能不損一毛，而自由自在的，這就是所謂「八風吹不動」。八風，是東、南、西、北四方，及東南、西南、東北、西北四隅的風；但是佛教中的八風並不是指此。佛教的八風，是八種境界風，因它能煽動我們，所以稱為八風。這八風是：利、衰、毀、譽、稱、譏、苦、樂。

(1) 利：凡與自己有益的皆名為利，或稱如意的事名為利。
(2) 衰：凡與自己有減損的皆名為衰，或稱失意的事名衰。
(3) 毀：因討厭其人，背後誹謗叫毀。
(4) 譽：因歡喜其人，當面讚歎叫譽。
(5) 稱：推重其人，故在眾中，稱道其善叫稱。
(6) 譏：討厭其人，本無其事，妄說實有叫譏。
(7) 苦：逼迫之義，遇到惡緣惡境，身心均受逼迫叫苦。
(8) 樂：歡悅之義，遇到好緣好境，身心得到歡悅叫樂。

這些皆是動搖我們的心，損害那個金剛信念的，然而我們如能堅定信念，不為境界所惑動，則黃金當前，不會變節；白刃架頸，不會更動主張；這樣，毀譽、利害，一點也不能傷害我了。

或值怨賊繞，各執刀加害，念彼觀音力，咸即起慈心。

或遭王難苦，臨刑欲壽終，念彼觀音力，刀尋段段壞。
或囚禁枷鎖，手足被杻械，念彼觀音力，釋然得解脫。
咒詛諸毒藥，所欲害身者，念彼觀音力，還著於本人。

這裡所講的，也出於前面的長行。

首四句偈，說的是怨賊之難，很多的兇漢以刀來脅迫，自己若住於觀音大慈悲心，以大慈悲對著兇漢，他亦會生起慈悲心，古來高僧大德的逸話，傳播在社會中間的例子很多，如前面的空也上人就是一例。這個是從外來的盜賊，比較起來終是少數，而自己心中的怨賊，長久盤據著，其數有八萬四千，各各持有利刀，欲奪我們清淨心中的功德之寶，那怨賊的主人翁就是我見我執。如把這我見我執打破，住於平等的大慈悲，則怨賊即會給慈悲心所感化了。正如《菜根譚》上說：「見聞覺知是外賊，情欲意識是內賊，此主人翁惺惺不昧，則化賊成家人。」

其次說到「王難苦」，相當於長行中的刀杖之難。在過去專制的時代，法律是國王的法律，觸犯法律將要被殺時，如果念彼觀音之力，則刀即刻段段壞，而不能有斬的作用了。日蓮上人在龍口將要被斬的時候說：

「如果以《法華經》能夠代替這個醜的頭，實在可喜得很！」

當他走進刑場時，因他具有這種信仰，利刀的確不能傷害。

國法是不能不守的，但那原是人定的，有時也不能不改，並非完全無缺失。不過，不管怎麼樣，法律即使有缺點，但法律是有力的。本來，無論什麼人觸犯了法律，都不能不處罰。但是，在專制時代，法律之主裁者，即國家的主腦者和法之運用者，岳飛就是因「莫須有」三字而死。執法的人即使犯法，何曾以法制裁自己？如果說有缺點的話，這也可以說是缺點。

哲人蘇格拉底毫無所懼地手執毒杯安然地死去，耶穌基督在十字架上像露水似的消滅了。這些例子，古今中外，實在多得很，楠木正成死後，他的旗印文句被傳下來，內中有「非理法權天」五字，「非」不能勝「理」，「理」不能勝「法」，「法」不能勝「權」，「權」不能勝「天」。所以世界上最強的還是天。這個「天」，即是宇宙的真理，真理是最後的勝利者。這最後勝利的真理，就是表現貫徹在無限時間中的法身，所以即使肉身的壽命能夠斷，而這個法身的慧命是不能夠斷的。

「囚禁枷鎖」或「杻械」，已如前說。不管是有罪或者無罪，而受到手鐐腳銬、繩索繫縛的痛苦時，如能念彼觀音之力，就能解脫。實際上我們戴上了名位的手鐐、財利的腳銬，以執著束縛了自身，假若能超然立於名利之外，打破了人我的界限，則我們就能夠展開自由自在的境地。「釋然」是解脫的形式，「解脫」就是得到自由自在的境地。

「咒詛」，是要害他人的一種行為。或者祈禱惡神降災，或者造稻草人釘打，或是畫符焚燒，這都是咒詛。

「諸毒藥」，凡是服而傷身的名為毒藥。諸毒藥，指其多數。

即使有以這些咒詛或毒藥想要加害於自己的，如能念彼觀音之力，那個咒詛就變為他受，那個毒藥就反為他吞了。

咒詛的那種心理，我們心中難道沒有嗎？嫉妒的這種存心，幾乎是沒有一個人沒有的。或見人家被稱譽，或見人家的成功，自自然然地就會對那個人加幾句批評，這是顯明的嫉妒。還有一種見到人家失敗了，心中就很高興，或者甚至嘲笑說：「那是當然的！」這是嫉妒之情，像這個心，就是嫉妒，而同時又含有咒詛。

離間他人，中傷他人，可以說比毒藥還要厲害！咒詛人結果是誰受報應呢？其實還是咒詛的人自身來受報哩！好比，你送一件物品給人，別人不肯接受，那你只得再拿回來。咒詛人也是一樣的，你要咒詛人，人家不知道，或不接受你的咒詛，那不是還要歸於自身嗎？

在我們日常的生活中，就算是有人嫉妒我，離間我，中傷我，而我自己安守我應守的本分，一點不為這種境界動搖，住於平等大悲的信念之上，積忍辱的功德，則絕不會因此而受累。《四十二章經》中佛說得好：「惡人害賢者，猶仰天而唾，唾不至天，還從己墮；逆風揚塵，塵不至彼，還坌己身；賢不可毀，禍必滅己。」

這可以看作解釋這段的意義。

或遇惡羅剎，毒龍諸鬼等，念彼觀音力，時悉不敢害。
若惡獸圍繞，利牙爪可怖，念彼觀音力，疾走無邊方。
蚖蛇及蝮蠍，氣毒煙火燃，念彼觀音力，尋聲自迴去。
雲雷鼓掣電，降雹澍大雨，念彼觀音力，應時得消散。

「或遇惡羅剎」到「時悉不敢害」，相當於長行中的「若三千大千……夜叉、羅剎欲來惱人」。惡鬼羅剎，沒有再說明的必要。

「鬼」，是希求之義，希求是乞求的心，所以「貪」就叫作「鬼」。除了貪鬼以外，還有一種無明鬼，無明即是愚痴的心，又叫痴鬼，這都是妨礙我們善事的毒龍。

這些皆是煩惱，因為有煩惱，所以才能覺悟。煩惱即菩提，是大乘的根本，所以如把我們迷的心一轉，即是悟的心。但因為迷的根本是我執，我執又是一切罪惡之源，那個所執著的小我，眾生念念不忘，所以在有我執的期間而不能悟。

人有這是我的孩子，那是他的孩子的分別，所以生起愛憎或偏頗的心；又有這是我的物，那是他的物的分別，所以生起慳貪的心。但是，若把我擴大開來，一切眾生皆是我的孩子，住於三界皆我所有之心，則顯現出公平的、平等的大慈悲，煩惱立刻變為菩提，不能害我，澀柿子的澀終成為甜味。那個澀柿子的澀是煩惱的惡果，經過佛日的慈光一照，即成菩提的甜味，此就是煩惱即菩提的最好說明。

這一轉心之間，所生的是迷悟的差別、聖凡的差別，佛教主要的就是說有這一轉心的心。羅剎、毒龍、諸鬼統統是危害我們的，可是在遇到這些時，因念觀音之力的因緣，那些惡鬼、惡獸就不敢加害了。或惡獸包圍了我們，而以銳爪利牙來逼時，如果念彼觀音力，則惡獸就會逃得不知蹤跡。

「惡獸」，即從我見我慢而生起的心理狀態，在眾生的心中，好像就有銳爪利牙相爭的情形。尤其我們處在今日所謂生存競爭的時代，宛然像有眾多的惡獸包圍著，人類互相猜疑欺詐，有一點機會就要排擠他人自己占上那位置，假若這時有人能念觀世音菩薩平等的大悲心，則四海之類，皆我同胞，如手如足，相親相愛，一切心中和身旁的惡獸都會消滅了。

「蚖蛇及蝮蠍」，蚖、蛇、蝮、蠍，這可以看作是總稱一切的毒蟲。前面的惡獸，是譬喻大的煩惱，這裡的毒蛇毒蟲，譬如的是小煩惱。

小煩惱若不注意，漸漸而成大煩惱，其害與毒蛇毒獸沒有什麼不同。因此，《法句經》中說：「水滴雖微，漸盈大器，大惡本非大，由小而積成，若不輕小惡，則不至遭殃。」

「氣毒煙火燃」，這是說毒氣如燃燒的火燄一般，這是形容瞋恚的厲害。「尋聲自迴去」，是念觀音而起心中本自清淨的本性，把惡心一轉時，一切可怕的罪惡，就好像在草葉上的露珠，遇到朝陽生起，自然就會消滅了。

從「雲雷鼓掣電」到「應時得消散」，這四句話是說：好比本是一個明朗的晴空，忽然一堆黑雲湧起，雷聲隆隆，電光閃閃，冰雹降落，大雨滂沱，那一種境界是多麼可怕！我們的心也和這個情形一樣，本來心上是沒有一點黑暗的，是光明朗照的，不料一念迷雲生起，無明之念跟隨而來，則瞋恚的雷鳴、忿怒的電光、貪欲的水雹、自暴自棄的大雨，都來惱亂我們。這時如能念觀世音菩薩，心機一轉，雲消雨息，朗朗心空，無不清淨自在。

對於以上的諸苦難，念彼觀音之力，即能轉災招福，拔苦與樂。這「念彼觀音力」的五個字，實在是轉惡心向善，與轉迷途向悟的一個關鍵。

我們的力，是相對的、差別的，觀音的力是絕對平等的。把執著差別的這一顆心，一轉而向平等，把繫縛於相對之心一轉而向絕對的，這就是佛教的根本之第一義。本經就是以觀音為中心，而說的第一義中的第一義。

三、能救世間苦

眾生被困厄，無量苦逼身，觀音妙智力，能救世間苦。

以上是開七難為十二難而來重說。以下是將三毒二求包括起來總說。

以上說的十二難，是說從外逼來的災難；從內生起的是三毒二求。把這總括起來，所以說「眾生被困厄，無量苦逼身」。眾生的苦，誠然是無量無邊，但那苦的根本，則是貪瞋痴的三毒。

在佛教中，眾生就是因三毒而得名的，所以除佛以外，就是菩薩、緣覺、聲聞，尚有微細的三毒煩惱，而最厲害的，則是六道的眾生。

在六道中，瞋恚最重的是地獄，貪欲最重的是餓鬼，愚痴最重的是畜生；瞋恚比較輕的是修羅，貪欲比較輕的是人間，愚痴比較輕的是天上。這是從精神上來分類。我們人雖然說貪欲比餓鬼少，但因貪欲引起的痛苦，卻如恆河沙一般。在如恆河沙的痛苦中，尤以生、老、病、死的四苦，和愛別離的悲哀、怨憎會的煩惱、求不得的愁悶、五陰的熾盛，苦壞了我們，所以說這個世間如似一個大的苦海。

但觀音的妙智力，能救這個世間的苦。觀音的妙智力，是說的什麼呢？「妙」，是不可思議之義，所以可說是我們凡夫不可思議的大智慧力。

這個智慧的力，能拔三毒之根本，能給我們安樂。我們受苦是什麼原因造成？這原因就是起於身口意的三業，起苦的業又是從哪裡來呢？那就是因為智慧的眼被蒙昧了，不能知道真的道理是從惑生出來的。要想斷惑證真，則首先應不要造感苦的業，不造業就不憂愁苦惱，所以在懺悔時念的文句有：

往昔所造諸惡業，皆由無始貪瞋痴；從身語意之所生，一切我今皆懺悔。

貪瞋痴的根本是惑，惑是基於無明，因有無明之故，所以昧於諸法實相之理。因為在迷而入迷，所以起貪瞋痴的三毒。斷這根本惑而證真理，是從知識方面著手而再加上修持。觀世音菩薩以其妙智力救世間苦，是情感方面的慈悲再加上智慧。

觀世音菩薩以此妙智力而行慈悲，救一切世間之苦。前面所講的十二難，是從外來的，所以這叫做外業。救這些苦名為外業解脫。這四句頌是救從內生起的因貪瞋痴而造的諸惡業，這可以看作示現內業解脫。

四、三業讚歎

具足神通力，廣修智方便，十方諸國土，無剎不現身。
種種諸惡趣，地獄鬼畜生，生老病死苦，以漸悉令滅。

這是三十三身的總說，已在前面所講的能救世間苦的是妙智力，這妙智力是體；把這妙智應用出來而成神通力，這是用；十方諸國土，無剎不現身，這是相。

妙智力如鏡的光明，神通力如鏡中所映現的森羅萬象的影子，所以觀音不離體相用，而能得到自在。

神通力，是指由智慧的活動而得的自由自在，佛與菩薩均具有神通力。能觀察我們經驗以上的事叫天眼通、天耳通，凡事都能如意的叫神足通，察知他人之心的叫他心通，知道過去的宿命叫宿命通，斷盡一切煩惱叫漏盡通，這皆是指不凡的智慧活動而言。

現在觀世音菩薩具足這些神通力，普度眾生。「廣修智方便」是在殊勝的用中，繁興萬行，以一切權智方便化度眾生。「十方諸國土」總指虛空中的一切世界。「無剎不現身」的「剎」，是國土之義，即是沒有一個國土不現身說法，所以是不光指三十三身。

真理遍滿於宇宙，到處都是觀音現身的地方。例如我們平日所見的開水壺中的水蒸氣，瓦特見了而發明蒸氣的力量；由紙鳶上的線，富蘭克林知道了電的存在；因一個蘋果從樹上落下來，牛頓因此知道了萬有引力；郊外的花草，供詩人的吟詠；松間的明月，引起遊子的鄉思；見到貧窮乞丐的人，則生慈悲之心；見到衰殘老病者，則感到世間無常；像這些無一不是觀音的示現。

「種種諸惡趣」，是指四聖以外六道輪迴的眾生，尤以六道中的地獄、鬼、畜生，叫做三惡趣。「生老病死苦」，就是人生的生、老、病、死的四苦。漸次把它消滅。照字面似屬外力所致。其實佛菩薩教我們要想得到解脫，唯有拿出自己真智來，達觀諸法實相的真理，才能滅卻這些惡趣和四苦。所謂「個個面面觀自在，人人一生普陀山」，所以無論在什麼時候，想到觀自在不是他人，用這樣來不斷地修養，這是最重要的。

真觀清淨觀，廣大智慧觀，悲觀及慈觀，常願常瞻仰。
無垢清淨光，慧日破諸闇，能伏災風火，普明照世間。

初四句，是三業讚歎中的意業讚歎，即觀音從意業上顯示化度眾生的殊勝。真觀、清淨觀、廣大智慧觀、悲觀、慈觀，這些叫菩薩的五觀。這五觀可以看作是前面觀音妙智力而分出的。因此，分之是五觀，攝之則是一個妙智力。五觀中的真、淨、智三觀，古來皆配合空、假、中的三諦來說明，仔細想想，實在沒有那麼拘泥的必要。

觀世音菩薩，因有五觀的妙力，所以叫觀自在。這個五觀，完全是觀音根本智與後得智分出來的，換句話說，就是觀音本來安住在大涅槃的境界，但因要度眾生，所以就分出五種妙用。「真觀」是說的什麼呢？可以看作是觀音大悟的根本智，也可以說是「智觀」，在黃檗禪師的《傳心法要》中說：「此靈覺之性，從無始以來，與虛空同壽，未曾生，未曾滅，未曾有，未曾無，未曾穢，未曾淨，乃至無方所，無內外，無數量，無形相，無色相，無音聲，不可以言語取，不可以境物會，諸佛菩薩與一切含靈相同，此是大涅槃性。」

如此大涅槃性，就是大悟的真觀；大悟的真觀，就是大涅槃的本性。

「清淨觀」，到了覺悟真觀的圓滿之後，心地根本即是清淨。所以那映現萬物諸緣，雖現那個相而不染著，其不染著即清淨觀，《圓覺經》中說：「心清淨故，見塵清淨；見清淨故，眼根清淨；如是乃至鼻、舌、身、意，亦復如是。善男子！根清淨故，色塵清淨；色清淨故，聲塵清淨；香、味、觸、法，亦復如是。」

照這樣次第說，地水火風的四大、十二處、十八界或二十五有，乃至天地宇宙，完全是清淨的一圓覺界，這個即是觀世音的清淨觀。

「廣大智慧觀」，這是說從真觀與清淨觀而觀一切眾生，垂無緣的大悲而救濟之，稱為大智慧，由此即能表現所證的後得智。因菩薩有真觀與清淨觀，就自然而生出濟度眾生的心，此即為廣大智慧觀。

但是，廣大智慧觀為什麼稱為無緣大悲呢？因為無緣大悲實在是大乘菩薩的願行，超過了權乘的愛見大悲。

愛見大悲又是說的什麼？在《維摩經》中也有說：一切眾生本來是佛，愛見大悲的權乘，不知生佛一如，認為眾生實是迷於生死，與佛並不是同伴，隨入實有的邪見，存利益之相。所以，《維摩經》中認為這是可鄙的！

無緣大悲與愛見大悲的區別，夢窗國師有個譬喻說得很好：

在街頭巷尾常見到那求乞的乞丐，有的是本來生在貧窮的人家，從幼年就是很窮困的；有的是本來生在富貴的人家，後來因種種事故而破落了。在這兩類乞丐之中，我們見到本是生於富貴家庭中的乞丐者，是很容易生起憐憫的心，這憐憫心，甚於見到那本是貧窮之家的乞丐者。這就好似實大乘菩薩的慈悲，見一切眾生本來與諸佛同體，無生死之相，因眾生忽起無明一念，在本無生死中而生出生死之相，這都是如夢如幻不實在的。

而權乘的菩薩則不同，以為眾生如那本是生於貧窮之家的乞丐，實有沉溺於生死，因而生起愛見大悲。

實大乘菩薩的無緣大悲（或稱同體大悲）與權大乘菩薩的愛見大悲分別就在這裡。

觀音已達乘的極位，從真觀與清淨觀而觀眾生之時，都看作與諸佛同體。本是生在富貴之家，但因一念之差，致使家庭破落，流為乞丐，不能不更為生起無緣的大悲。從這本是無緣的大悲，所以眾生的生死也好，煩惱也好，生死不應該為生死，煩惱不應該為煩惱，想要度眾生而無眾生可度。

曾有人這樣問黃檗禪師：「諸佛如何行大慈悲？如何而為眾生說法？」

黃檗禪師回答道：

「諸佛行慈悲，因無緣故名大慈悲。慈，不應該看作有佛可成；悲，不應該看作有眾生可度。其所說法，無說，無示；其問法者，無問，無得。譬如幻師為幻人說法。」

這樣看來，一切眾生本來是同體的貴人，沒有應度的，也沒有應成的，如幻師對於幻人，如假說法，如假聽法。只因眾生從貴人之家迷失而出走，說法度眾生不過令其歸家。如此來看度眾生聽法，方是菩薩的廣大智慧觀。

這個生佛一如叫平等的智觀，以此度眾生，所以不是愛見大悲而是無緣大悲。

「悲觀」與「慈觀」，是從廣大智慧觀分出來的，拔眾生的苦是悲觀，與以真觀、清淨觀的至樂，使還諸佛同體的本家，是慈觀。

這個「慈」與「悲」，直是無緣大悲。

因此，觀世音菩薩，有著根本、後得二智，二利已經圓滿，所以要「常願常瞻仰」。常願大悲者的施救，常瞻仰大悲者的功德。

總而言之，真觀，是契證涅槃的根本智，從真觀中映現萬物而不染著，是清淨觀，次起生佛一如的是廣大智慧觀，即是無緣大悲的悲觀與慈觀。

「無垢清淨光」，是總合前面的五觀，五觀一一皆是無垢清淨。尤其是指觀音的那個沒有染著的清淨的智觀，為無垢清淨的智光。這種智光，能照破一切煩惱的黑暗。在《無量壽經》中，彌陀十二光之中的超日月光，就是這種光。「慧日破諸闇」，就是說的這種意義。

「能伏災風火」，在風、火二災之外，應該要加一水災，因受偈文字數的限制，把它略去了。那清淨無垢的慧日，不單能破諸黑暗，同時更能伏除風、火、水的三災。

「普明照世間」，是說觀音的無垢清淨光，像太陽照著大地，照得世間普遍光明，照得世間一切黑暗災難消滅。

「諸闇」，也可稱心的光明被煩惱蒙蔽了，或稱風水火災。要使無明煩惱的風、貪欲瞋恚的火、愛欲執著的水，都破除了，使我的心光明到沒有一點汙穢的狀態，若從自心上言，就是確實悟到諸法的道理，發覺到「原來這樣才對」，這時候就是智慧之光照著我的心，等到知道「我錯了！」有這種懺悔之念發生時，心裡的黑暗就完全消失了。

悲體戒雷震，慈意妙大雲，澍甘露法雨，滅除煩惱燄。

這裡是讚歎觀音說法的情形，雖是口業讚歎，但應以口業配合三業來看。悲體的戒，是指說法者的口業，如響亮的雷震；這位說法者的意業，如同和藹的大雲；這位說法者的身業，如同完美的人格。

悲是拔苦為體，觀音見一切眾生陷於積聚的罪業苦痛之中，而發大悲心，令一切眾生，知道防非止惡，其操持之堅固，好似百雷的震動，而能懾伏萬物，滅盡一切非的和惡的。

慈是能與一切眾生之樂，觀音的偉大，就在他不單能拔眾生的苦，而且能賜給眾生的樂，好似天空布滿了和藹的慈雲，再來降下法雨似的甘露。這個其味香美的甘露，喻如實相之法，無上真理，以此才能滅除煩惱的火燄。

在我們的心上，如果也持有堅固拔苦的精神，賜給一切眾生快樂的悲心，則自己覺得煩惱心火，自然就會滅卻了。這在我們修養上可以體驗得到的。

諍訟經官處，怖畏軍陣中，念彼觀音力，眾怨悉退散。

在長行中已經講過，觀音是施無畏者。現在此處再說，若有眾生進入官處或軍陣之中，只要念彼觀音之力，自然會使七難三毒等害我的怨敵，完全退散，而能得到不畏。「諍」是爭論，「訟」是訴訟。生起一切爭論、鬥口、訴訟時，或於軍陣中到了戰爭需要捨命時，雖說有許多的恐怖畏懼，但若這時，能念觀音之力，就可退散一切的眾怨。好比在我們的內心，常有無明煩惱相爭相戰，沒有一刻的安定，可是你如能夠想念觀音的真觀、清淨觀、廣大智慧觀，思惟觀音的悲觀、慈觀，則什麼也無所畏了。

妙音觀世音，梵音海潮音，勝彼世間音，是故須常念。

前面是舉觀音的五觀，這裡再來說五音，由五觀的啟發而成為五音，所以五觀是主觀的觀念、觀想、觀察，而五音是客觀聞得的音聲；但又不必限於什麼音聲，如「妙音」也可以看作妙色、妙香、妙味、妙觸、妙法。然而在六根中，從耳根第一的意思說，所以以音聲為代表。「妙音」與「觀世音」，是融和前面的真觀與清淨觀進而為廣大智慧觀。雖同是廣大智慧觀，但妙音的方面是以即空而觀中道，這就是前者向上的，後者向下的；前者雙遮空有，後者雙照空有。結果是一樣。

如果知道《法華經》的心要，則峰嶺的風、池中的浪，無不是妙音；世上買賣的音聲也無不是法音。觀音即是以妙智觀照世間苦惱眾生的稱名之音，而來尋聲救苦。「梵音」，是菩薩說世出世法，皆清淨無染之義。即在清淨觀上而立萬法。「勝彼世間音」，是超越世間之差別而立於真觀之上。菩薩目見耳聞，皆絕對平等之意。運用這個而成悲觀、慈觀。菩薩以慈悲救世，如同大海的潮水，終日都在活動著，而一點不停息，應時應地，或滿或乾，應用自在，此即「海潮音」。

這五音，可以看作五線譜的分類，雖說其音各各不同，但實在是同一的東西，而從前後左右去看罷了。以客觀的觀察，這完全是宇宙真理所發出的聲音；以主觀的觀察，皆是我們心裡所存的先天內在之聲。所以，這不是耳聞，而是心聞；不是目見，而是心見。這個潛在一心之內的先天的音聲，成為觀音的五音而顯現，所以需要常常放在心上思惟。

念念勿生疑，觀世音淨聖，於苦惱死厄，能為作依怙！

從以上種種方面敘說觀音的功德，恐怕世間上還有生起疑念的人，所以再說「念念勿生疑」，來勸人要信。像前面已經講過的「佛法大海，惟信能入。」如果你不信，就是如何重寶的法門，你也不能接受和進入。「念念」是在我們心上的前念與後念，就是不論何時的意思。我們有時被人教訓，的確也會一時生起信心來，可是不久又會生起疑心來，翻轉了前念的信仰，因此佛陀慈悲，屢屢叮嚀囑咐，教誡眾生，前念相信，後念疑惑，這是不行的！必須念念不斷的虔誠信仰，才有功效。道源禪師說：「所信成就，佛祖成就。」宗教是依信而成立的，一切偉大的力量，都是建立在信上。這與學問以疑為出發點是不同的。

如果這樣來說，宗教豈不是違背學問了嗎？這也不然。其根本的道理是立於學問之上，而置信於學問所不能到的地方。所以宗教並不是反學問的，而是超學問的。佛教是比較理智的學問，還要廣遍深入於情意的要求，在精神全體之上，為安心立命的地方。這個安心立命之地，是信仰的基礎，觀世音菩薩，常於苦惱死厄怖畏之中，如父如母，為作眾生的依怙。

「淨聖」，是說觀音不比修行中的平常菩薩，在久遠的過去，早已成佛，名正法明如來，為了濟度眾生，才倒駕慈航，教化此娑婆世界，是一位清淨無垢的大聖者。

具一切功德，慈眼視眾生，福聚海無量，是故應頂禮。

觀音既是救世的淨聖，而現為權化的菩薩，那他具有一切功德，就不用說了。

「一切」，是不能夠以數目計算的。如以前面空、假、中三諦來說：觀空諦而成法身之德，觀假諦而得般若之德，觀中諦而現解脫之德，這叫法身、般若、解脫三德。再從其他方面來說：觀空諦而不執著，斷盡一切煩惱，這叫斷德；觀假諦故能順應諸種差別而運用其智慧，這叫智德；觀中諦故能應用無礙，這叫用德；斷德、智德、用德，亦可稱為三德。

一切道德，在自身是止惡與修善，在對他是濟度眾生。觀音具足一切功德，以慈眼視一切眾生，所以那功德的結果，具有無限的幸福，同時一切眾生受諸所具福德與智德，也如同海水的不增不減，是無量的，把這個做為精神安立的基礎，若不歸命、頂禮，而報謝其恩德，是不可能的。

除了求外來的觀音所具有的無量功德外，更要想到自己，在我們心裡，依如來藏，本就具有無盡的功德，受用不盡，但我們自己關閉了這如來藏的門戶，使無量功德不能顯現，所以荊溪大師這樣惋惜地說：「悲哉！祕藏之不顯，蓋因三惑所覆，故無明翳乎法性，塵沙障乎化導，見思阻乎空寂，然此三惑，體本虛妄。」

體驗到無明虛妄而明法性，則現廣大智慧觀；塵沙是喻無智的多，把這驅除而顯明化導，則現清淨觀；抽去差別執著的見惑、思惑，而明顯空寂，則現真觀。由顯現這個祕藏，而具足一切功德，更以悲觀、慈觀來看一切眾生。這樣，就是在自己的心上顯現觀音如海無量的福聚功德了。

過去宋朝時候的孝宗問慧遠大師：

「觀音手中拿的佛珠是念什麼呢？」

「念觀音。」慧遠大師回答。

「自己為什麼要念自己的名號呢？」孝宗這樣追問著。

「求人不如求己！」慧遠大師回答。

這是使我們從這段問話裡體會頂禮觀音的本義。

在梵本的〈普門品〉中，還有下面一段的偈頌：

慈悲救世間，當來成正覺，能滅憂畏苦，頂禮觀世音。
法藏比丘尊，首座世自在，修行幾百劫，證無上淨覺。
常侍左右邊，扇涼彌陀尊，示三昧幻力，供養一切佛。
西方清淨土，安養極樂國，彌陀住彼上，調御丈夫尊。
彼土無女人，不見不淨法，佛子今往生，乃入蓮華藏。
彼無量光佛，淨妙蓮華台，獅座放百光，如娑羅樹王。

如是世間尊，三界無等倫，禮讚積功德，速成最勝人。
以上的偈頌，至今尚未有人譯出，這也算是一個新的發現。

第十章 流通

〈普門品〉中所現的菩薩，由無盡意起問，而廣談觀音的功德，再由持地讚歎流通，這就是所標示的智慧、慈悲、勇猛的三德。無盡意標示智慧，觀世音標示慈悲，持地標示勇猛；以此宣揚流通。

一、持地歎德

偈頌是本經的眼目，今已講完，再有散文體，可以看作是這〈普門品〉的流通分。

爾時，持地菩薩即從座起，前白佛言：「世尊！若有眾生聞是觀世音菩薩品自在之業，普門示現神通力者，當知是人功德不少。」

「爾時」，是佛陀回答了無盡意菩薩的問話，終了之時，應該頂禮觀世音菩薩。在這時候，持地菩薩從所聽聞說法的大眾之中起座，走向佛前，而說：「世尊，若有眾生聞是觀世音菩薩品自在之業，普門示現神通力者，當知是人功德不少。」

這位持地菩薩，一般皆解說是地藏菩薩的異名，如果說是地藏菩薩，則誰也都會知道他是「地獄未空，誓不成佛」的一位發大勇猛誓願的菩薩。在《地藏十輪經》中說：「持戒堅固，如妙高山；精進難壞，如金剛寶；安忍不動，猶如大地。」這是說如由地上生成萬物，而又能藏諸萬物之義。在《延命地藏經》的〈直談鈔〉也說：「地藏，乃是一切眾生本心之異名。」

在《延命地藏經》中，佛陀回答帝釋的問話，說：「心圓明故，名如意輪；心無罣礙故，名觀自在；心無邊際故，名大菩薩；心無色相故，名摩訶薩。」觀自在即是觀世音同體，有時地藏讚歎觀音，有時觀音讚歎地藏，可以看作是同一法身的應現。但這裡是以觀音為中心的，所以，只是持地菩薩出來進問：「世尊！若有眾生讚歎此觀世音身口意的三業，能救七難三毒等的冥益，而得解脫自在；若有眾生見觀世音現三十三身的變化，聽觀世音示十九說法神通的顯益，其功德實在不少！」

在這〈普門品〉中所現的菩薩，由無盡意起問，而廣談觀音的功德，再由持地讚歎流通，這就是所標示的智慧、慈悲、勇猛的三德。無盡意標示智慧，觀世音標示慈悲，持地標示勇猛；以此宣揚流通。

二、開品得益

佛說是〈普門品〉時，眾中八萬四千眾生皆發無等等阿耨多羅三藐三菩提心。

持地菩薩說聞此〈觀世音菩薩普門品〉功德不少，果然，佛說此〈普門品〉時，八萬四千大眾聽了以後，皆發無等等心。佛是無上之尊，無可比擬，這無等等的心，即是指與佛相同之義。「阿耨多羅三藐三菩提」，譯為無上正等正覺，或無上正遍知，即是沒有比這再上的正覺。正覺是不同於凡夫的不覺，不同於外道的邪覺。正等是不同於二乘的偏真，二乘的不能真俗平等的圓融無礙。無上是不同於菩薩的分證。菩薩雖然能真俗等觀，不偏空有二邊，然因分證未圓，如十四夜月，尚稱有上之士，唯佛方堪稱為無上正等正覺。故此心略稱菩提心，又叫覺心、慈心，即是佛的心。現在八萬四千大眾聞此〈觀世音菩薩普門品〉，生起沒有比這再上的菩提心，此即顯現大智慧、大慈悲、大勇猛之謂。

佛說此〈普門品〉時，是指遠在二千多年前，佛陀在靈山會上說這〈普門品〉的時候。八萬四千眾生，是我們心中八萬四千煩惱妄想，在我們的心裡，不知道有和觀音同樣的真心存在，徒任煩惱妄想的跳梁跋扈，現在聽了這微妙的法門，如果將貪欲的心，一轉而為慈悲；瞋恚的心，一轉而為勇猛；愚痴的心，一轉而為智慧；接著這八萬四千煩惱妄想也可一轉而成阿耨多羅三藐三菩提的佛心。

以上，關於〈普門品〉已經講完，希望不要徒被定義所囚，須心讀眼瞥為要。

願以此功德，普及於一切，

吾等與眾生，皆共成佛道。

南無大慈大悲觀世音菩薩！哀愍護念！

校後感言

心悟法師

去年夏天我和星雲法師同在台灣佛教講習會教書的時候，我們原擬一邊教書，一邊跟關凱圖居士學習日文，後來因為台灣省佛教分會主張男女分班，把女眾遷到中壢圓光寺辦，臨時請不到年老的法師，於是一定要請我到那邊去主持教務，之後，又承東初法師慈命來編輯《人生月刊》，因此直到今天我對日文還沒有機會學習，實在有點可惜！

到去年冬天，我聽說星雲法師已開始翻譯《普門品講話》了，真是歡喜無比！那時我確有得以先讀為快之感。

不久，星雲法師便應《菩提樹月刊》之約，將其所譯之〈普門品〉釋題發表於該刊第一卷第二期上，博得很多讀者的歡迎！繼而讀者紛紛去函請法師速將本書出版，法師為滿讀者願望，遂於去年年底將本書譯稿交由聖瑞法師攜來台北，要我替他找個好印刷廠承印，並來信囑我替他校對。以校對這事並不難辦，況且我自己日文沒有學成，不能翻譯，能對此譯作校對，結個因緣，也是一件快事，故即一口答應了。

在佛菩薩中，有一位佛和一位菩薩在我們中國是家喻戶曉，婦孺皆知的。那一位佛即阿彌陀佛，那一位菩薩便是觀世音菩薩，而觀世音菩薩尤為家家所供奉。由此觀之，觀世音菩薩的確可以說是我們中國人（甚至包括日本和韓國）精神上唯一可以求得安慰和啟示的導師。

可是晚近有些人跟從日本人以歷史研究法來研究佛法，否認了很多大乘經典為正統的佛法，並說大乘經中所說的佛及菩薩，大都是印度古時民間所信奉的什麼神，由後來的佛弟子們加以理想化而成的，並非實有那麼一個佛及菩薩的。例如說阿彌陀佛是太陽神的理想化，觀世音菩薩是女神的理想化等等。我對於這種說法，是絕對不贊同的！我認為佛經有些地方是有歷史性的，固可以用歷史研究法去研究，但有些地方卻是超乎歷史性的，若把超乎歷史性的境界也以歷史研究法去研究，那是圓柄方鑿，無怪乎會感到格格不入的。

我們學佛的第一步，就是對佛及法要有堅定不移的信念，我們雖不能像耶穌教那樣主張信即得救，但我們卻要確認信是入道之門。《華嚴經》說：「信為道源功德母，長養一切諸善根。」《大智度論》說：「佛法大海，唯信能入。」這都是強調信心重要的明文。此外，即菩薩五十二位亦是以十信位為首，由此觀之，信心之重要為何可知矣。假使對佛及法先不能有個堅定的信仰，則任你對經論有怎樣的研究，也不能稱為佛教徒，更不能入佛知見，只是人間的一個知解之徒而已。這樣的研究佛法，請問於己於人究有何益？考究來，考究去，不但什麼東西也沒有考究出來，還把自己對三寶神聖的信心都考掉了，這豈不是笑話？所以我近來常常這樣說：「現在一般人對佛法的理論愈是研究，其對佛法的信心愈是薄弱。」（這當然是指未得佛法正見者說的）這確是佛教不幸的現象。

我們正信佛法的人，應該要抱定自己對佛法的信心，確認一切大乘經典（當然是指有翻譯歷史可考的）皆是正統的佛法，經上所說的佛、菩薩，特別是阿彌陀佛及觀世音菩薩，他們曾給過我們人類無可計算的利益，決定是有的！千萬不可為一般人不正確的戲論而動搖了自己的信心，致陷自心於邪見之深坑而不可拔。

我們對佛法有了如上的認識和信念，然後來讀如〈普門品〉這類的佛經，方能獲得真實利益。〈普門品〉是記敘觀世音菩薩與娑婆世界眾生的深因緣，及眾生稱念其名所得之利益的最詳盡的文字。一般人以為它是神話的記敘，那是未曾理解佛法的。我們知道：〈普門品〉中所敘述的觀世音菩薩靈感的事蹟，在我們這個現實世界上是到處都可以看見的，只是因為我們不注意所以不大感覺罷了。諸位讀了這本《普門品講話》之後，就會覺得這話是不錯的。

觀世音菩薩是大慈大悲救苦救難的，我們生逢這人間多難的今日，隨時隨地都可能遭遇到不測的災難；我們若要減少遭受災難的痛苦，我以為唯有祈求觀世音菩薩的慈力加護。但欲求觀世音菩薩的加護，則首須研知如何稱念觀世音菩薩名號，及觀世音菩薩何以會感應的道理。這本《普門品講話》就是詳細的說明這種道理的。所以這本《普門品講話》，允宜人手一冊，以為明理達道，消災免難之寶筏。

因為星雲法師要我校對後說幾句話，所以我就拉雜的把我校對後的一點感想寫出來，如有未當，尚望高明不吝指教。

一九五三年三月十日於圓山臨濟寺

譯後的話

星雲

《觀世音菩薩普門品講話》，原著者是日人森下大圓。他有些地方是適應他本國國情與民性而解釋的，因為要便於我國國人閱讀，所以略微刪改了一點。

本書由日文翻譯成中文，應該先謝謝關凱圖老居士，因為我於佛曆二五一五年在台灣佛教講習會教了一年書，其時關老居士也在該會任理化和歷史教師，授課之暇，他教了我和演培法師六個月的日文文法。

現在這本書翻譯流通，都是大家的功德，比如：智道法師贈送原文本書，王法蓮居士贈送稿紙，聖瑞法師代為出款刊印，聖印、聖學二位學友代為謄清，心悟老兄允為校對，演培、心然、煮雲、廣慈諸法師指正和幫忙，竺摩法師題書封面，這都是觀世音菩薩慈悲，感動他們，我都該致最誠懇的謝意。

關於刊印本書的意義，心悟法師在他的〈校後感言〉裡都說了，希望讀者留意。南無大悲觀世音菩薩。

佛曆二五一六年（一九五三）於青草湖

附錄〈觀世音菩薩普門品〉原典

姚秦三藏法師　鳩摩羅什譯

爾時，無盡意菩薩即從座起，偏袒右肩，合掌向佛，而作是言：「世尊！觀世音菩薩以何因緣名觀世音？」

佛告無盡意菩薩：「善男子！若有無量百千萬億眾生受諸苦惱，聞是觀世音菩薩，一心稱名，觀世音菩薩即時觀其音聲，皆得解脫。若有持是觀世音菩薩名者，設入大火，火不能燒，由是菩薩威神力故；若為大水所漂，稱其名號，即得淺處；若有百千萬億眾生為求金、銀、琉璃、硨磲、瑪瑙、珊瑚、琥珀、真珠等寶，入於大海，假使黑風吹其船舫，漂墮羅剎鬼國，其中若有乃至一人稱觀世音菩薩名者，是諸人等，皆得解脫羅剎之難。以是因緣，名觀世音。

「若復有人臨當被害，稱觀世音菩薩名者，彼所執刀杖尋段段壞而得解脫。若三千大千國土，滿中夜叉、羅剎欲來惱人，聞其稱觀世音菩薩名者，是諸惡鬼尚不能以惡眼視之，況復加害。設復有人，若有罪、若無罪，杻械枷鎖檢繫其身，稱觀世音菩薩名者，皆悉斷壞，即得解脫。

「若三千大千國土，滿中怨賊，有一商主，將諸商人，齎持重寶，經過險路，其中一人作是唱言：『諸善男子！勿得恐怖！汝等應當一心稱觀世音菩薩名號，是菩薩能以無畏施於眾生，汝等若稱名者，於此怨賊當得解脫。』眾商人聞，俱發聲言：『南無觀世音菩薩！』稱其名故，即得解脫。

「無盡意！觀世音菩薩摩訶薩威神之力，巍巍如是。若有眾生多於淫欲，常念恭敬觀世音菩薩，便得離欲；若多瞋恚，常念恭敬觀世音菩薩，便得離瞋；若多愚痴，常念恭敬觀世音菩薩，便得離痴。

「無盡意！觀世音菩薩有如是等大威神力，多所饒益，是故眾生常應心念。若有女人，設欲求男，禮拜供養觀世音菩薩，便生福德智慧之男；設欲求女，便生端正有相之女，宿植德本，眾人愛敬。

「無盡意！觀世音菩薩有如是力。若有眾生恭敬禮拜觀世音菩薩，福不唐捐，是故眾生皆應受持觀世音菩薩名號。

「無盡意！若有人受持六十二億恆河沙菩薩名字，復盡形供養飲食、衣服、臥具、醫藥，於汝意云何？是善男子、善女人功德多不？」

無盡意言：「甚多，世尊！」

佛言：「若復有人受持觀世音菩薩名號，乃至一時禮拜供養，是二人福，正等無異，於百千萬億劫不可窮盡。無盡意！受持觀世音菩薩名號，得如是無量無邊福德之利。」

無盡意菩薩白佛言：「世尊！觀世音菩薩云何遊此娑婆世界？云何而為眾生說法？方便之力，其事云何？」

佛告無盡意菩薩：「善男子！若有國土眾生應以佛身得度者，觀世音菩薩即現佛身而為說法；應以辟支佛身得度者，即現辟支佛身而為說法；應以聲聞身得度者，即現聲聞身而為說法；應以梵王身得度者，即現梵王身而為說法；應以帝釋身得度者，即現帝釋身而為說法；應以自在天身得度者，即現自在天身而為說法；應以大自在天身得度者，即現大自在天身而為說法；應以天大將軍身得度者，即現天大將軍身而為說法；應以毗沙門身得度者，即現毗沙門身而為說法；應以小王身得度者，即現小王身而為說法；應以長者身得度者，即現長者身而為說法；應以居士身得度者，即現居士身而為說法；應以宰官身得度者，即現宰官身而為說法；應以婆羅門身得度者，即現婆羅門身而為說法；應以比丘、比丘尼、優婆塞、優婆夷身得度者，即現比丘、比丘尼、優婆塞、優婆夷身而為說法；應以長者、居士、宰官、婆羅門婦女身得度者，即現婦女身而為說法；應以童男、童女身得度者，即現童男、童女身而為說法；應以天、龍、夜叉、乾闥婆、阿修羅、迦樓羅、緊那羅、摩睺羅伽，人非人等身得度者，即皆現之而為說法；應以執金剛神得度者，即現執金剛神而為說法。

「無盡意！是觀世音菩薩成就如是功德，以種種形遊諸國土，度脫眾生，是故汝等應當一心供養觀世音菩薩。是觀世音菩薩摩訶薩於怖畏急難之中，能施無畏，是故此娑婆世界皆號之為施無畏者。」

無盡意菩薩白佛言：「世尊！我今當供養觀世音菩薩。」即解頸眾寶珠瓔珞，價值百千兩金，而以與之，作是言：「仁者！受此法施珍寶瓔珞。」時觀世音菩薩不肯受之。

無盡意復白觀世音菩薩言：「仁者！愍我等故，受此瓔珞。」

爾時，佛告觀世音菩薩：「當愍此無盡意菩薩及四眾、天、龍、夜叉、乾闥婆、阿修羅、迦樓羅、緊那羅、摩睺羅伽，人非人等故，受是瓔珞。」即時，觀世音菩薩愍諸四眾，及於天、龍、人非人等，受其瓔珞，分作二分，一分奉釋迦牟尼佛，一分奉多寶佛塔。

「無盡意！觀世音菩薩有如是自在神力，遊於娑婆世界。」

爾時，無盡意菩薩以偈問曰：

世尊妙相具，我今重問彼，佛子何因緣，名為觀世音？

具足妙相尊，偈答無盡意，汝聽觀音行，善應諸方所。
弘誓深如海，歷劫不思議，侍多千億佛，發大清淨願。
我為汝略說，聞名及見身，心念不空過，能滅諸有苦。
假使興害意，推落大火坑，念彼觀音力，火坑變成池。
或漂流巨海，龍魚諸鬼難，念彼觀音力，波浪不能沒。
或在須彌峰，為人所推墮，念彼觀音力，如日虛空住。
或被惡人逐，墮落金剛山，念彼觀音力，不能損一毛。
或值怨賊繞，各執刀加害，念彼觀音力，咸即起慈心。
或遭王難苦，臨刑欲壽終，念彼觀音力，刀尋段段壞。
或囚禁枷鎖，手足被杻械，念彼觀音力，釋然得解脫。
咒詛諸毒藥，所欲害身者，念彼觀音力，還著於本人。
或遇惡羅剎，毒龍諸鬼等，念彼觀音力，時悉不敢害。
若惡獸圍繞，利牙爪可怖，念彼觀音力，疾走無邊方。
蚖蛇及蝮蠍，氣毒煙火燃，念彼觀音力，尋聲自迴去。

雲雷鼓掣電，降雹澍大雨，念彼觀音力，應時得消散。
眾生被困厄，無量苦逼身，觀音妙智力，能救世間苦。
具足神通力，廣修智方便，十方諸國土，無剎不現身。
種種諸惡趣，地獄鬼畜生，生老病死苦，以漸悉令滅。
真觀清淨觀，廣大智慧觀，悲觀及慈觀，常願常瞻仰。
無垢清淨光，慧日破諸闇，能伏災風火，普明照世間。
悲體戒雷震，慈意妙大雲，澍甘露法雨，滅除煩惱燄。
諍訟經官處，怖畏軍陣中，念彼觀音力，眾怨悉退散。
妙音觀世音，梵音海潮音，勝彼世間音，是故須常念。
念念勿生疑，觀世音淨聖，於苦惱死厄，能為作依怙。
具一切功德，慈眼視眾生，福聚海無量，是故應頂禮。

爾時，持地菩薩即從座起，前白佛言：「世尊！若有眾生聞是〈觀世音菩薩品〉自在之業，普門示現神通力者，當知是人功德不少。」佛說是〈普門品〉時，眾中八萬四千眾生，皆發無等等阿耨多羅三藐三菩提心。

人海慈航：怎樣知道有觀世音菩薩　　看世界的方法 249

作者——星雲大師

美術設計——吳佳璘
責任編輯——林煜幃

發行人兼社長——許悔之
總編輯——林煜幃
副總編輯——施彥如
執行主編——魏于婷
美術主編——吳佳璘
行政專員——陳芃妤

藝術總監——黃寶萍
策略顧問——黃惠美．郭旭原
郭思敏．郭孟君
顧問——施昇輝．林志隆．張佳雯
法律顧問——國際通商法律事務所
邵瓊慧律師

出版——有鹿文化事業有限公司｜台北市大安區信義路三段106號10樓之4
T. 02-2700-8388｜F. 02-2700-8178｜www.uniqueroute.com
M. service@uniqueroute.com

製版印刷——鴻霖印刷傳媒股份有限公司

總經銷——紅螞蟻圖書有限公司｜台北市內湖區舊宗路二段121巷19號
T. 02-2795-3656｜F. 02-2795-4100｜www.e-redant.com

特許發行——香海文化事業有限公司｜台北市信義區松隆路327號9樓
新北市三重區三和路三段117號6樓｜T. 02-2971-6868｜F. 02-2971-6577
http://gandhabooks.com

ISBN——978-626-7262-57-3
初版——2011年6月
二版第一次印行——2024年1月

定價——400元

人海慈航：怎樣知道有觀世音菩薩 / 星雲大師著 —二版．— 臺北市：有鹿文化，2024.01．面；
（看世界的方法；249）ISBN 978-626-7262-57-3　1. 觀世音菩薩 2. 佛法修持　225.82………112021627